1 Ernährung bei Leber - Kälte im Lebermeridian

Diese Empfehlungen bitte immer mit dem TCM-Ernährungsberater/in, oder TCM-Arzt/in absprechen! Die Rezepte und Zutatenlisten unterstützen die Therapien nach der Traditionellen Chinesischen Medizin.

Die Kalorienangaben frischer Zutaten (Obst und Gemüse) schwanken je nach Qualität und Erntezeit. Die Inhalte wurden von einer Diätologin und einer Ernährungsberaterin für die Traditionelle Chinesische Medizin (TCM) geprüft.

Autor:
©2016 Josef Miligui
www.ebns.at

Titelfoto:
©2008 Erika Weixlbaumer

Quelle:
Die Listen werden aus der TCME-Datenbank für die Ernährungsberatung generiert. Die Datenbank wird von Ernährungsberater, Therapeuten, Ärzte und Gastronomiebetrieben für die Beratung der Patienten/Klienten und Gästen verwendet.

Literaturliste:
Wir haben die Unterlagen als Wissensbasis genutzt und an unsere Erfahrungen angepasst und ergänzt.
http://ebns.at/index.php/de/datenbank/literaturliste

Herstellung und Verlag:
BoD – Books on Demand, Norderstedt
ISBN 978-3-7431-0034-3

TCM - Ernährung bei- Leber - Kälte im Lebermeridian
(Buch: 222)

2 Definition der möglichen Symptome

Befragen
Allgemein
  Spannung oberhalb der Blase (bis ins Skrotum)
  Hodenzerrung, zusammengezogene Vagina, Krampfadern an Hoden
Appetit
  Völlegefühl

Pulsdiagnostik
Puls
  Saitenförmig, langsam, tief

Traditionelle Diagnose
Körper
  Leistenbruch

Zungendiagnostik
Zunge
  Blass, nass, weißer Belag

1 Ernährung bei Leber - Kälte im Lebermeridian 1
2 Definition der möglichen Symptome 2
3 Therapiestrategie 4
4 Vermeiden 4
5 Speiseplan 5
   5.1 Frühstück 5
   5.2 Jause 5
   5.3 Mittag 5
   5.4 Nachmittag 6
   5.5 Abend 6
   5.6 Jederzeit 7
6 Rezepte 7
   6.1 Acht Schätze Reis 8
   6.2 Belugalinseneintopf mit Gemüse 8
   6.3 Eintopf mit Süßkartoffel und Lauch 9
   6.4 Fenchel mit gerösteten Walnüssen 10
   6.5 Geröstete Haferflocken mit Weintraubenkompott 10
   6.6 Grundrezept für eine Fischbrühe 11
   6.7 Grundrezept für eine Reissuppe (Congee) 11

6.8	Grundrezept für eine Rinderbrühe (klar)	12
6.9	Hirse mit Ei und Butter	13
6.10	Hühnersuppe mit Angelikawurzel und Bocksdornfrüchten	13
6.11	Hülsenfrüchte	14
6.12	Humus	15
6.13	Indische Dalsuppe	16
6.14	Japanische Algensuppe	16
6.15	Kabeljausuppe mit Tomaten	17
6.16	Kardamomwasser	17
6.17	Karpfensuppe	18
6.18	Kichererbsengemüse mit Rosinen	19
6.19	Klare Brühe aus Gänseklein	20
6.20	Klare Ochsenschwanzsuppe mit Bocksdornfrüchten	20
6.21	Klassisches Ingwerhuhn mit Reiswein	21
6.22	Kokosreis mit Kardamom	22
6.23	Kokossuppe	23
6.24	Kuzusuppe in der Früh	23
6.25	Lammfleischsuppe HARIRA	24
6.26	Lammgeschnetzeltes mit Rosmarinkartoffeln	25
6.27	Lammkeule aus dem Ofen	26
6.28	Lauchsuppe mit Mandelmus	26
6.29	Linsen-Reis-Eintopf	27
6.30	Marinierte Pute mit Cashewkernen aus dem Wok	28
6.31	Minestrone	29
6.32	Mungobohnen-Eintopf	29
6.33	Nierenbohneneintopf mit Lamm und Salbei	30
6.34	Pikante Tofu-Gemüse-Pfanne	31
6.35	Polentaschnitte mit Ratatouille	31
6.36	Quinoa mit Pfirsich	32
6.37	Quinoa pikant + Avocado	33
6.38	Rasche Flocken mit Kompott oder Marmelade	33
6.39	Reis-Congee mit Trockenfrüchten	34
6.40	Reis-Dulse-Suppe	35
6.41	Reisnudelsuppe mit Shiitakepilzen	35
6.42	Reissuppe mit frischen Früchten	36
6.43	Reissuppe mit geraspelten Karotten und frischen Kräutern	36
6.44	Rettichgemüse mit Frühlingszwiebeln und Karotten	37
6.45	Rettichgemüse mit Meerrettich	38
6.46	Rindfleischsuppe mit Karotten, Lauch, Lorbeer	38
6.47	Rote Linsen mit Avocado und Rettich	39
6.48	Schwarzaugenbohnen-Eintopf	40
6.49	Suppe mit Eigelb	40
6.50	Tafelspitz nach klassischer Art	40

6.51 Tee Baldriantee ... 41
6.52 Tee Fencheltee ... 42
6.53 Tee Ginseng-Tee ... 42
6.54 Wärmender Haferflockenbrei ... 42
6.55 Zwetschken mit Bio-Quark ... 43
7 Kräuter aus den Rezepten und deren Wirkungen ... 44
7.1 Baldrian ... 44
7.2 Basilikum ... 44
7.3 Beifuß ... 44
7.4 Bohnenkraut ... 44
7.5 Koriander ... 44
7.6 Lauchzwiebel Schnittlauch ... 44
7.7 Liebstöckel ... 45
7.8 Makannasternsamen ... 45
7.9 Petersilie ... 45
7.10 Rosmarin ... 45
7.11 Salbei ... 45
7.12 Schwarzkümmel ... 45
7.13 Yamswurzel, Yamswurzelknolle ... 45
7.14 Zitronenmelisse (frisch) ... 45
8 Grundlagen der Ernährung ... 46
8.1 Ernährung ... 46
8.2 Rezepte ... 48
8.2.1 Rezepte nach Folge der Elemente kochen ... 49
8.3 Lebensmittel ... 49
8.4 Kräuter ... 51
9 Weitere Ernährungsvorschläge ... 52
10 EBNS - Software für die Ernährungsberatung ... 55

3 Therapiestrategie
Leber wärmen, Yang aufbauen, Leber-Qi bewegen, Kälte zerstreuen

4 Vermeiden
Keine definiert

5 Speiseplan

Kalorien

5.1 Frühstück

Geröstete Haferflocken mit Weintraubenkompott	328
Hirse mit Ei und Butter	338
Hülsenfrüchte	31
Humus	542
Kichererbsengemüse mit Rosinen	429
Kokosreis mit Kardamom	266
Lauchsuppe mit Mandelmus	115
Pikante Tofu-Gemüse-Pfanne	241
Polentaschnitte mit Ratatouille	225
Quinoa mit Pfirsich	247
Quinoa pikant + Avocado	561
Rasche Flocken mit Kompott oder Marmelade	231
Reis-Congee mit Trockenfrüchten	210
Reis-Dulse-Suppe	190
Reisnudelsuppe mit Shiitakepilzen	65
Reissuppe mit frischen Früchten	143
Rettichgemüse mit Meerrettich	196
Suppe mit Eigelb	173
Tee Baldriantee	0
Wärmender Haferflockenbrei	357
Zwetschken mit Bio-Quark	141

5.2 Jause

Humus	542
Polentaschnitte mit Ratatouille	225

5.3 Mittag

Acht Schätze Reis	212
Belugalinseneintopf mit Gemüse	201
Eintopf mit Süßkartoffel und Lauch	316
Fenchel mit gerösteten Walnüssen	342
Hirse mit Ei und Butter	338
Humus	542
Indische Dalsuppe	255
Japanische Algensuppe	47
Kabeljausuppe mit Tomaten	176

Karpfensuppe ... 499
Kichererbsengemüse mit Rosinen ... 429
Klare Brühe aus Gänseklein ... 334
Klare Ochsenschwanzsuppe mit Bocksdornfrüchten ... 217
Klassisches Ingwerhuhn mit Reiswein ... 357
Kokosreis mit Kardamom ... 266
Kokossuppe ... 151
Lammfleischsuppe HARIRA ... 205
Lammgeschnetzeltes mit Rosmarinkartoffeln ... 461
Lammkeule aus dem Ofen ... 484
Lauchsuppe mit Mandelmus ... 115
Linsen-Reis-Eintopf ... 232
Marinierte Pute mit Cashewkernen aus dem Wok ... 318
Minestrone ... 210
Mungobohnen-Eintopf ... 665
Nierenbohneneintopf mit Lamm und Salbei ... 391
Pikante Tofu-Gemüse-Pfanne ... 241
Polentaschnitte mit Ratatouille ... 225
Reis-Congee mit Trockenfrüchten ... 210
Reis-Dulse-Suppe ... 190
Reissuppe mit frischen Fruchten ... 143
Reissuppe mit geraspelten Karotten und frischen Kräutern ... 131
Rettichgemüse mit Frühlingszwiebel und Karotten ... 246
Rettichgemüse mit Meerrettich ... 196
Rindfleischsuppe mit Karotten, Lauch, Lorbeer ... 194
Rote Linsen mit Avocado und Rettich ... 268
Schwarzaugenbohnen-Eintopf ... 140
Suppe mit Eigelb ... 173
Tafelspitz nach klassischer Art ... 453
Tee Baldriantee ... 0
Wärmender Haferflockenbrei ... 357
Zwetschken mit Bio-Quark ... 141

5.4 Nachmittag

Humus ... 542
Tee Baldriantee ... 0

5.5 Abend

Belugalinseneintopf mit Gemüse ... 201
Eintopf mit Süßkartoffel und Lauch ... 316
Fenchel mit gerösteten Walnüssen ... 342
Hühnersuppe mit Angelikawurzel und Bocksdornfrüchten ... 77

Indische Dalsuppe 255
Japanische Algensuppe 47
Kabeljausuppe mit Tomaten 176
Karpfensuppe 499
Kichererbsengemüse mit Rosinen 429
Klare Brühe aus Gänseklein 334
Klare Ochsenschwanzsuppe mit Bocksdornfrüchten 217
Klassisches Ingwerhuhn mit Reiswein 357
Kokosreis mit Kardamom 266
Kokossuppe 151
Lammgeschnetzeltes mit Rosmarinkartoffeln 461
Lauchsuppe mit Mandelmus 115
Linsen-Reis-Eintopf 232
Marinierte Pute mit Cashewkernen aus dem Wok 318
Minestrone 210
Nierenbohneneintopf mit Lamm und Salbei 391
Pikante Tofu-Gemüse-Pfanne 241
Polentaschnitte mit Ratatouille 225
Quinoa mit Pfirsich 247
Quinoa pikant + Avocado 561
Reisnudelsuppe mit Shiitakepilzen 65
Reissuppe mit frischen Früchten 143
Rettichgemüse mit Frühlingszwiebel und Karotten 246
Rettichgemüse mit Meerrettich 196
Rindfleischsuppe mit Karotten, Lauch, Lorbeer 194
Rote Linsen mit Avocado und Rettich 268
Schwarzaugenbohnen-Eintopf 140
Tafelspitz nach klassischer Art 453

5.6 Jederzeit

Grundrezept für eine Reissuppe (Congee) 140
Kokosreis mit Kardamom 266
Polentaschnitte mit Ratatouille 225
Tee Baldriantee 0

6 Rezepte

empfehlenswert = Sie können mehr verwenden, weniger = wenn möglich weniger verwenden.
TL=Teelöffel, EL=Esslöffel, L=Liter, g=Gramm
M=Metall, W=Wasser, H=Holz, F=Feuer, E=Erde.
(Die Kochanleitung nach den Elementen finden Sie im Kapitel „Rezepte" am Ende des Buches.)

6.1 Acht Schätze Reis

Stärkt Niere und Blase, Baut Qi auf, Stärkt die Milz, Vertreibt Feuchtigkeit, reduziert innere Hitze, beugt Krebs vor, baut Herz auf, beruhigt Nerven.
Kalorien p. Portion 212
Kochdauer ca. 1 Stunde
Thermische Wirkung: neutral

Menge	Zutaten		
1 EL	Lilienzwiebel		
1 EL	Longane		
1 EL	Weißwurz		
1 EL	Yamswurzel, Yamswurzelknolle		
1 EL	Hiobsträne (Samen) YiYi Ren		
1 EL	Makannasternsamen		
2 Tassen	Reis Wilder (Naturreis)		M
8-10 Tassen	Wasser	ja	E

Kochanleitung:
Je 1 EL: Bai He (Lilienzwiebel), Longan (Longane/Drachenaugenfrucht), Yu Zhu (Wohlriechender Weißwurz-Wurzelstock), Da Zao, Shan Yao (Yamswurzel, Yamswurzelknolle), Lian Mi, Yi Yi Ren (Samen der Hiobsträne), Qian Shi (Makannasternsamen)

Mit heißem Wasser übergießen und ca. 30 Min einweichen. Anschließend: 1 – 2 Tassen Reis (normal) hinzufügen und ½ bis 1 Stunde köcheln, bis der Reis sehr weich ist. Oder: Mit Vollwertreis ca. 3 Stunden lang mit den Kräutern ein Congee kochen. Dann müssen die Kräuter nicht eingeweicht werden.

6.2 Belugalinseneintopf mit Gemüse

Tonisiert Qi und Blut, stärkt Nieren und Milz, leitet Feuchtigkeit aus.
Kalorien p. Portion 201
Kochdauer ca. 20 min.
Thermische Wirkung: warm

Menge	Zutaten		
2 Tassen	Linsen (Helmbohnen)		W
4-5 Tassen	Wasser	ja	E
3 Stück	Karotte (Mohrrübe, Möhre)		E
1 Stück	Lauch (Porree)		M
1/2 Stück	Kohlrabi		E
2 Stück	Tomate		H
1 Stück	Zwiebel weiss		M
2 Blatt	Lorbeerblatt		M
1 Stück	Fenchel		E

Menge	Zutaten		
2 Stück	Sternanis		M
6 Stück	Wacholderbeere		F
1 Prise	Chili (Schote oder gemahlen)		M
3 EL	Olivenöl		E
1 Prise	Salz	ja	W
1/2 TL	Ingwer frisch		M
1 Prise	Schwarzkümmel		

Kochanleitung:
Öl in heißem Topf erhitzen. Zwiebel andünsten und gewürfeltes Gemüse und Gewürze, Linsen (gut gewaschen) und Salz dazugeben. Mit kaltem Wasser ausreichend (3 Fingerbreit) bedecken und 20 min auf kleiner Flamme kochen.
Mit frischen Kräutern und Schwarzkümmel bestreuen

Passt sehr gut zu Reis!

6.3 Eintopf mit Süßkartoffel und Lauch

Stärkt Qi und Yang; ist sehr erwärmend. Harmonisiert Zang-Organe. Bewegt Qi, leitet nach unten. Stärkt Qi und Nieren-Jing, baut Qi auf, verteilt. Vertreibt Wind-Kälte an die Qi-Schicht.
Kalorien p. Portion 316
Kochdauer ca. 30 min. (+Grundrezept)
Thermische Wirkung: warm

Menge	Zutaten		
200 g.	Süßkartoffel		E
50 g.	Lauch (Porree)		M
2-3 EL	Butter Bio		E
1 Prise	Muskatnuss		M
1/2 Liter	Grundrezept für eine Rinderbrühe (klar)		
1 Prise	Salz	ja	W
1 Prise	Curcuma (Gelbwurz)		
1 Prise frische	Kräuter verschiedene		
1 Prise	Schwarzkümmel		

Kochanleitung:
Kartoffeln schälen, in grobe Würfel schneiden und in Salzwasser nicht zu weich kochen, abgießen. Butte in einem Topf erhitzen und den Lauch anschwitzen. Mit der Suppe aufgießen und den Lauch und die Süßkartoffel hinzugeben. Mit Muskatnuss, Kurkuma, frischen Kräutern, zerstoßenem Schwarzkümmel und Salz würzen.

6.4 Fenchel mit gerösteten Walnüssen

Reguliert Qi, wärmt das Innere, senkt Kälte ab, stärkt Magen, lindert Obstipation, stärkt Nieren und Milz Yang, löst Schleim, reduziert Wind, verteilt. Zerstreut und bewegt Qi, befeuchtet, reduziert Kälte-Übel, weicht Knoten auf. Stärkt Magen-Qi.
Kalorien p. Portion 342
Kochdauer ca. 20 Min.
Thermische Wirkung: warm

Menge	Zutaten		
4 Stück	Fenchel		E
1 Prise	Muskatnuss		M
1/2 TL	Ingwer frisch		M
1 Prise	Salz	ja	W
1/8 Liter	Weißwein		H
1 Prise	Rosenpaprika Pulver		F
2 EL	Olivenöl		E
2 EL	Walnüsse		E
2 Tassen	Wasser	ja	E
1 Tasse	Mais Grieß (Polenta)		E
1 Prise	Salz	ja	W

Kochanleitung:
In einem Topf ganz wenig Wasser erhitzen; Fenchel in Streifen geschnitten kurz andünsten; Muskat, etwas Ingwer gerieben, Salz, einen Schuß Weißwein, Rosenpaprika dazugeben; dünsten, bis das Gemüse gar, aber noch knackig ist; etwas Olivenöl unterrühren; mit gerösteten Walnüssen bestreuen.

Die Polenta in einen Topf mit heißem Wasser unter ständigem Rühren einrieseln bis die Polenta die gewünschte Konsistenz hat. Salzen.
Die Polenta vom Feuer ziehen und ca 10 min quellen lassen.

6.5 Geröstete Haferflocken mit Weintraubenkompott

Befeuchtet, entspannt, baut Qi auf, verteilt. Stärkt Qi. Erwärmt Magen und Milz, fördert Durchblutung und Leitbahnfluss, lindert Kälte-Übel und Schmerzen.
Kalorien p. Portion 328
Kochdauer ca. 25 Min.
Thermische Wirkung: warm

Menge	Zutaten	
1 Tasse	Hafer Flocken geröstet	M
2 Tassen	Trauben rot	E
1/2 TL	Ingwer frisch	M
2 EL	Rosinen	E

1 Prise	Zimtpulver		M
2 Tassen	Wasser	ja	E

Kochanleitung:
Haferflocken kurz anrösten, mit Wasser übergießen, Rosinen dazugeben und 20 min. kochen. Trauben, Ingwer und Zimt zugeben.

6.6 Grundrezept für eine Fischbrühe

Kräftigt Nieren-Qi und Yin; nährt Blut und Säfte; fördert das Wasserlassen.
Kalorien p. Portion 127
Kochdauer ca. 40 min.
Thermische Wirkung: neutral

Menge	**Zutaten**		
300 g.	Fischstücke gemischt (Süßwasser)		W
120 g.	Sellerie Knolle		E
5 cm	Lauch (Porree)		M
2 Stück	Karotte (Mohrrübe, Möhre)		E
1/8 Liter	Weißwein		H
1/2 Stück	Zitrone		H
2 Blätter	Lorbeerblatt		M
3 Stück	Pfeffer Körner		M
1 EL	Olivenöl		E
1/2 Liter	Wasser	ja	E

Kochanleitung:
In Olivenöl klein geschnittenen Sellerie, Karotten und Lauch andünsten, Lorbeerblatt und Pfefferkörner dazu geben, Fischstücke dazu geben und kurz mitdünsten. Mit Wasser ablöschen, wenig Weißwein oder Zitrone dazugeben. 30 Minuten sanft köcheln. Mehrmals den entstehenden Schaum abschöpfen. Am Ende die Zutaten durch ein Tuch sieben.

6.7 Grundrezept für eine Reissuppe (Congee)

Wärmt Magen und Milz, harmonisiert den Darm, stärkt Qi-Funktion, reduziert Feuchtigkeit.
Kalorien p. Portion 140
Kochdauer ca. 2-4 Stunden
Thermische Wirkung: warm

Menge	**Zutaten**		
1 Tasse	Reis Sorte beliebig		M
6 Tassen	Wasser	ja	E

Kochanleitung:
Man kocht Reis und Wasser in einem Verhältnis von etwa 1:6. Die Menge des Wassers bestimmt die Dicke des Breis (reine Geschmacksache). Der Reis quillt unwahrscheinlich auf, nehmen Sie also nicht viel. Geben Sie den Reis in einen Topf mit einem schweren Deckel. Wichtig ist, den Reis nach kurzem Aufkochen nur auf kleinster Flamme köcheln zu lassen, da er sonst anbrennt.
Kochen Sie den Reis 2-4 Stunden. Je länger er kocht, umso mehr stärkt er. Wenn Sie das Gericht zum Frühstück essen möchten, können Sie den Reis auch kurz vor dem Zubettgehen aufsetzen. Sicherheitshalber sollten Sie vorher einmal unter Beobachtung für eine ähnlich lange Zeit das Verhalten Ihres Topfes und Herdes prüfen, damit nichts anbrennt.

6.8 Grundrezept für eine Rinderbrühe (klar)

Stärkt Qi und Yang; ist sehr erwärmend.
Kalorien p. Portion 114
Kochdauer ca. 4-8 Stunden
Thermische Wirkung: warm

Menge	Zutaten		
500 g.	Rind Suppenfleisch		E
200 g.	Rind Fleischknochen		E
1 Schuß	Essig (Rotweinessig)		H
8 Stück	Wacholderbeere		F
1 Prise	Rosmarin		F
3 Stück	Karotte (Mohrrübe, Möhre)		E
2 Stück	Pastinake		F
1 Stück	Lauch (Porree)		M
1/2 TL	Ingwer frisch		M
1 Stiel	Liebstöckel		M
2 Stück	Nelke		M
6 Stück	Piment		M
2 Stück	Anis (gemeiner Fenchel)		E
1 TL	Salz	ja	W
1 1/2 Liter	Wasser	ja	E

Kochanleitung:
Wasser, einen Schuß Rotweinessig, einige Wacholderbeeren, etwas Rosmarin, Knochen und Fleisch zum Kochen bringen; Karotte, Pastinake, etwas Lauch, Ingwer, Liebstöckelgrün, Nelke, Piment, Sternanis und etwas Salz hinzufügen; alles 4-8 Stunden köcheln und abseihen; Brühe im Kühlschrank aufbewahren.

6.9 Hirse mit Ei und Butter

Stärkt Blut, Yin und Jing, nährt Yin, befeuchtet bei innerer Trockenheit, stärkt Blut, stärkt Milz, beruhigt Nerven und Magen. Stärkt Milz und Niere, diuretisch. Stärkt Qi und Nieren-Jing, befeuchtet, entspannt, baut Qi auf, verteilt.
Kalorien p. Portion 338
Kochdauer ca. 25 Min.
Thermische Wirkung: kühl

Menge	Zutaten		
1 Tasse	Hirse		E
1/2 TL	Ingwer frisch		M
1 Prise	Salz	ja	W
2 EL	Petersilie		H
1 Prise	Rosenpaprika		F
2 Stück	Huhn Ei		E
2 EL	Butter Bio		E
1 Prise	Muskatnuss		M
2 Tassen	Wasser	ja	E

Kochanleitung:
Die Hirse mit dem Ingwer und Muskatnuss im Wasser kochen. 1 weiches Ei pro Person kochen und schälen; die Hirse auf Tellern auftürmen und je 1 Ei in eine Mulde im Hirseberg legen; Butterflöckchen darübergeben. Mit gehackter Petersilie und dem Rosenpaprika bestreuen.

6.10 Hühnersuppe mit Angelikawurzel und Bocksdornfrüchten

Stärkt Milz und nährt das Blut und das Yin der Leber. Stärkt Qi und Blut; ist sehr wärmend.
Kalorien p. Portion 77
Kochdauer ca. 1 1/2 Stunden
Thermische Wirkung: warm

Menge	Zutaten	
1/2 Liter	Grundrezept für eine Hühnerbrühe wärmend	
5 g.	Angelikawurzel	
50 g.	Bocksdornfrüchte (Fructus Lycii) getrocknet	H

Kochanleitung:
Hühnerbrühe laut Grundrezepte. In den letzten 40 Minuten Angelikawurzel und Bocksdornfrüchte mitkochen.

Einnahme: Täglich 2-3 Tassen Brühe trinken.

6.11 Hülsenfrüchte

Stärkt Milz und Leber, reguliert Qi-Fluss, befeuchtet, entspannt, baut Qi auf, verteilt. Nährt Blut und Qi, diuretisch, harmonisiert Qi (v.a. im Mittleren und Unteren Erwärmer), entgiftet. Reduziert innere Hitze und Feuchtigkeit.
Kalorien p. Portion 31
Kochdauer ca. 30 Min.
Thermische Wirkung: neutral

Menge	Zutaten		
100 g.	Pintobohnen gesprenkelt		W
50 g.	Linsen (Helmbohnen)		W
50 g.	Erbse, grün		W
1 Liter	Wasser	ja	E
1 Scheibe	Zitrone		H
5 Stück	Wacholderbeere		F
1 Zweig	Thymian		W
1 Zweig	Rosmarin		F
1 Stück	Karotte (Mohrrübe, Möhre)		E
1-2 TL	Bohnenkraut		W
daumengroßes Stück Ingwer frisch			M
2-3 Blatt	Lorbeerblatt		M
1-2 Streifen	Wakame		W

Kochanleitung:
Hülsenfrüchte wie Bohnen, Linsen, Erbsen oder Kichererbsen werden in reichlich kaltem Wasser mehrere Stunden bis zu 3 Tagen eingeweicht. Alle 8 Stunden sollte dabei das Wasser gewechselt werden. Danach Einweichwasser wegschütten und Hülsenfrüchte gründlich waschen.

Zubereitung:
Hülsenfrüchte mit frischem kaltem Wasser und einer Ingwerscheibe aufsetzen und zum Schäumen bringen. Ohne Deckel ca. 5 min kochen lassen, dabei den Schaum, der sich bildet abschöpfen. Erst danach folgende Zutaten geben: eine Zitronenscheibe oder Zitronensaft, Wacholderbeeren zerdrücken, Thymian; (ev. 1 Messerspitze Asafoetida bei großer Verdauungsschwäche). Bohnenkraut, Salbei, Wacholder, Bockshornkleesamen, Karotte, Lorbeerblätter, frischer Ingwer, Wakamealge zugeben

Auf kleinster Flamme köcheln bis Bohnen oder Linsen die gewünschte Konsistenz haben.
Diese Basis kann 3-4 Tage im Kühlschrank aufbewahrt werden.

6.12 Humus

Stärken Milz und Herz, weicht auf, leitet nach unten. Befeuchtet, entspannt, baut Qi auf, verteilt. Nährt Blut. Nährt Blut und Leber, harmonisiert Leber und Milz, stärkt Sehkraft, bewahrt die Säfte, zieht zusammen.

Kalorien p. Portion 542
Kochdauer ca. 2 Stunden
Thermische Wirkung: kühl

Menge	Zutaten		
2 Tassen	Kichererbsen		W
1 TL zerrieben	Wakame		W
1/4 TL	Ingwer frisch		M
1 Prise	Rosmarin		F
1 EL	Sesam Paste (Tahini)		E
2 EL	Olivenöl		E
1 Spritzer	Zitrone Saft		H
nach Bedarf	Wasser	ja	E
1 Zehe geschabt	Knoblauch		M
1 TL gehackte	Petersilie		H
1 Prise	Paprika		E
1 Prise	Curcuma (Gelbwurz)		
1 Prise	Koriander		M
1 Prise	Kardamom		M
1 Prise	Chili (Schote oder gemahlen)		M
1 Prise	Pfeffer (gemahlen)		M
1/2 TL	Salz Kräutersalz		W

Kochanleitung:
Kichererbsen über Nacht oder mind. 6 Stunden einweichen, Einweichwasser weg giessen, in frischem Wasser ca. 1 - 1 ½ Std. mit wenig
Meeresalge und Ingwer kochen, erkalten lassen.
Würzen mit einigen Spritzern Zitronensaft, Petersilie.
Klein geschnittener oder gepresster Knoblauch mit Pfeffer würzen, je nach Belieben mehr oder weniger Koriander - und Kardamompulver, wenig Chili-Pulver. Tahin und Olivenöl hinzugeben.

Alle Zutaten zusammen pürieren. Je nach Konsistenz Wasser dazugeben. Es sollte eine geschmeidige Paste entstehen.
Auf Getreideküchlein, Cracker oder getoastetes Brot streichen oder zu Salat genießen.

6.13 Indische Dalsuppe

Reduziert innere Hitze und Feuchtigkeit, weicht auf, leitet nach unten. Stärkt Milz und Leber, reguliert Qi-Fluss, befeuchtet, entspannt, baut Qi auf, verteilt, stärkt Leber und Niere, reduziert feuchte Hitze.
Kalorien p. Portion 255
Kochdauer ca. 30 Min.
Thermische Wirkung: kühl

Menge	Zutaten		
175 g.	Linsen (Helmbohnen)		W
3 EL	Sesamöl		E
1 Stück	Karotte (Mohrrübe, Möhre)		E
1 Stück	Zwiebel Schalotte		M
2 Tassen	Wasser	ja	E
2 Scheiben	Ingwer frisch		M
1 Prise	Salz	ja	W
1 TL	Sojasauce		W
1 TL gehackte	Petersilie		H
1 TL	Thymian		W
1 EL	Basilikum		M

Kochanleitung:
Linsen über Nacht einweichen; in einen heißen Topf Öl geben; Karotte, Zwiebel, etwas Ingwer andünsten mit Wasser aufgießen; Linsen zugeben und weich kochen; Salz oder Sojasoße zugeben und weitere 10 Minuten kochen; vor dem Servieren Petersilie unterheben; Thymian oder Basilikum drüberstreuen.
Variante: Kräuter wie Salbei, Rosmarin oder Liebstöckel.

6.14 Japanische Algensuppe

Stärkt Milz und Leber, reguliert Qi-Fluss, befeuchtet, entspannt, baut Qi auf, verteilt. Nährt Lunge und Milz, vertreibt Schleim, löst Schleim, löst Stagnation, leitet nach oben. Bewegt Qi und Yang.
Kalorien p. Portion 47
Kochdauer ca. 20 Min.
Thermische Wirkung: neutral

Menge	Zutaten		
25 g.	Wakame		W
1/2 Liter	Wasser	ja	E
1-2 Stk.	Zwiebel Schalotte		M
50 g.	Rettich (weiß, grün, lila-rot)		M
2 Stück	Karotte (Mohrrübe, Möhre)		E
2 EL	Miso		W
2 EL	Petersilie		H
1 EL geschnitten	Zwiebel Frühlingszwiebel		M

Kochanleitung:
Wakame einige Minuten in Wasser einweichen, herausnehmen und das Wasser zum Kochen bringen. Fein geschnittene Zwiebeln und in feine Streifen geschnittene Wakame, Rettich und Karotten zugeben und weitere 10 Minuten köcheln. Miso in etwas abgekühltem Kochwasser lösen und am Ende dazugeben. Mit Petersilie und Frühlingszwiebeln bestreuen.

6.15 Kabeljausuppe mit Tomaten

Kräftigt Nieren-Qi; nährt Blut und Säfte; fördert das Wasserlassen. Stärkt Qi von Milz und Nieren, weicht auf, leitet nach unten. Zerstreut und bewegt Qi, befeuchtet, reduziert Kälte-Übel, weicht Knoten auf.
Kalorien p. Portion 176
Kochdauer ca. 30 min. (+Grundrezept)
Thermische Wirkung: warm

Menge	Zutaten		
1/2 Liter	Grundrezept für eine Fischbrühe		
250 g.	Kabeljau		W
1 Stück	Zwiebel Schalotte		M
1/2 TL	Anis (gemeiner Fenchel)		E
1/2 TL	Ingwer frisch		M
1 TL	Olivenöl		E
1 Stück	Tomate		H
1/8 Liter	Weißwein		H
1 Prise	Salz	ja	W
1 Prise	Pfeffer (gemahlen)		M
1 EL gehackte	Petersilie		H

Kochanleitung:
Zwiebel, Anis und frisch geriebenem Ingwer in Öl anbraten; Tomaten zugeben und mitdünsten. Mit etwas Wein und Fischsuppe aufgießen. Alles 10-15 Minuten sanft köcheln. Mit Salz und Pfeffer abschmecken; die Kabeljaustücke zugeben und sanft erhitzen. Am Schluss mit Petersilie garnieren.

6.16 Kardamomwasser

Wärmt Mitte, löst Stagnation, leitet nach oben. Tonisiert das Nieren-Yang, nährt Knochen und Sehnen, wärmt Nieren und Milz; stärkt Magen, löst Blähungen, zusammenziehend, kontrolliert übermäßigen Harndrang, hilft bei Verdauungsschwäche.
Kalorien p. Portion 16
Kochdauer ca. 20 min.
Thermische Wirkung: warm
Therapeutisches Rezept

Menge	Zutaten		
2 EL	Kardamom		M
1 Liter	Wasser	ja	E

Kochanleitung:
Kardamomkapseln in einem Mörser fein zerstoßen. Mit 1 l Wasser aufkochen und 10 Min. bei mittlerer Hitze leise kochen. Kardamomwasser durch ein Sieb in Gläser füllen und heiß servieren.

6.17 Karpfensuppe

Nährend und leicht erwärmend, stärkt die Mitte und den Unteren Erwärmer entfernt Feuchtigkeit.
Kalorien p. Portion 499
Kochdauer ca. 2 Stunden
Thermische Wirkung: neutral

Menge	Zutaten		
500 g.	Karpfen		W
1 Prise	Salz	ja	W
1 TL	Essig (Apfelessig)		H
1 Zweig	Thymian		W
8 Stück	Wacholderbeere		F
2 Stück	Karotte (Mohrrübe, Möhre)		E
1 Stück	Lauch (Porree)		M
1 Stück	Zwiebel weiss		M
1/2 TL	Ingwer frisch		M
3 Blatt	Lorbeerblatt		M
1/8 Liter	Weißwein		H
3 Blatt	Basilikum		M

Kochanleitung:
Vorbereitung: Beim Einkauf im Fischgeschäft die Filets von einem mittelgroßen, ganzen Karpfen herauslösen und Fischkopf, Rückgrat mit Gräten und Schwanz ebenfalls einpacken lassen.

Die Filetstücke in 1 cm große Würfel schneiden; etwas salzen und beiseite stellen.
Fischkopf, Rückgrat mit Gräten und Schwanz des Karpfens in reichlich kaltes Wasser geben; zum Kochen bringen und den Schaum abschöpfen; einen Spritzer Essig, einen frischen Zweig Thymian, Wacholderbeeren zufügen; Karotte, ein Stück Lauch und grob zerkleinerte Zwiebel hineingeben; eine dicke Scheibe Ingwer, einige Pfefferkörner, 1 Lorbeerblatt, Salz zugeben; etwa 1 1/2 Stunden köcheln und den Fond durch ein Sieb gießen.
Die Karpfenstücke in einen Topf geben; einen Schuß Weißwein zugießen; Rosenpaprika, Basilikumblättchen, fein gestiftete Karotten, getrockneten Thymian und den Fond zugeben und erwärmen; die

Zutaten etwa 5 Minuten sieden lassen, bis die Fischstücke gar sind.
Varianten: Die Suppe mit Kuzu oder Kartoffelbrei andicken.
Dazu passt: Baguette und trockener Weißwein.

6.18 Kichererbsengemüse mit Rosinen

Stärkt Milz und Leber, reguliert Qi-Fluss, befeuchtet, entspannt, baut Qi auf, verteilt. Stärken Milz und Herz, weicht auf, leitet nach unten. Wärmt Magen und Milz, harmonisiert den Darm, stärkt Qi-Funktion, reduziert Feuchtigkeit.
Kalorien p. Portion 429
Kochdauer ca.
Thermische Wirkung: kühl

Menge	Zutaten		
1 Tasse	Kichererbsen		W
1 EL	Hijiki		W
1 Prise	Salz	ja	W
1 EL	Sonnenblumenöl		E
2 Stück	Karotte (Mohrrübe, Möhre)		E
2 EL	Rosinen		E
1/2 TL	Ingwer frisch		M
1 Prise	Cumin (Kreuzkümmel)		M
1 Schuß	Zitrone Saft		H
1 EL	Sauerrahm 15% Fett		H
1 Prise	Curcuma (Gelbwurz)		
1 Schuß	Sojabohnenmilch		E
1 Prise	Koriander		M
1 Schuß	Sojasauce		W
1/2 Tasse	Reis Rundkornreis		M
3 Tassen	Wasser	ja	E
1 Prise	Salz	ja	W

Kochanleitung:
Vorbereitung: Kichererbsen in kaltem Wasser mehrere Stunden oder über Nacht einweichen. Danach: Einweichwasser wegschütten; die Kichererbsen in kaltem Wasser aufsetzen; 1 EL Hijiki zufügen und die Kichererbsen bissfest kochen; Salz am Ende der Kochzeit zugeben.
Separat. In einer heißen Pfanne Öl, kleingeschnittene Karotten (eine größere Menge als Kichererbsen), Rosinen, geriebenen Ingwer, reichlich Cumin und Salz sanft braten, bis die Karotten halb gar sind; die Kichererbsen und Meeresalgen dazugeben; Zitronensaft, etwas Sauerrahm, Curcuma, Soja- oder Reismilch dazugeben; eine Prise Koriander, etwas Sojasoße untermengen; einige Minuten bei schwacher Hitze durchziehen lassen, bis die Karotten gar sind.
Rundkornreis mit dem Wasser aufsetzen, salzen und ca. 20 Min. kochen.

6.19 Klare Brühe aus Gänseklein

Stärkt Milz, Magen und Lunge, lindert Schwächezustände, stärkt Qi, beruhigt Magen. Bewegt Qi, leitet nach oben. Stärkt Milz und Leber, reguliert Qi-Fluss, befeuchtet, entspannt, baut Qi auf, verteilt.
Kalorien p. Portion 334
Kochdauer ca. 2-3 Stunden
Thermische Wirkung: warm

Menge	Zutaten		
500 g.	Gans (Gänseklein)		M
1 Stück	Karotte (Mohrrübe, Möhre)		E
1 Stück	Zwiebel Schalotte		M
1 Stück	Lauch (Porree)		M
1 Zweig	Petersilie		H
1 Zweig	Liebstöckel		M
1 Prise	Kerbel		F
1 Liter	Wasser	ja	E
1 Prise	Salz	ja	W

Kochanleitung:
Gänseklein mit Gemüse und Kräutern 2-3 Stunden köcheln. Durch ein feines Tuch sieben und abkühlen. Entfetten und im Kühlschrank aufbewahren.

6.20 Klare Ochsenschwanzsuppe mit Bocksdornfrüchten

Stärkt das Qi; nährt das Leber-Blut; bei Augenflimmern oder trockenen Augen, Muskelverspannungen oder Wadenkrämpfen durch Blut-Leere.
Kalorien p. Portion 217
Kochdauer ca. 1-2 Stunden (+Grundrezept)
Thermische Wirkung: warm

Menge	Zutaten	
1 Liter	Grundrezept für eine Rinderbrühe (klar)	
500 g.	Rind Ochsenschwanzstücke	E
4-5 Stück	Shiitake, getrocknet	E
1 Stück	Zwiebel weiss	M
2 EL	Sake	M
1/2 TL	Ingwer frisch	M
1 EL	Bocksdornfrüchte (Fructus Lycii) getrocknet	H

Kochanleitung:
Shiitakepilze einweichen. Ochsenschwanzscheiben blanchieren; dadurch werden Fett und Unreinheiten entfernt. In der Rinderbrühe weitere 1-2 Stunden kochen. Dann Frühlingszwiebeln, Shiitakepilze, Reiswein, Bocksdornfrüchte und Ingwer zugeben und alles sanft köcheln lassen.

6.21 Klassisches Ingwerhuhn mit Reiswein

Erwärmend und nährend, leitet das Qi nach oben stärkt die Libido. Empfehlung: bei Qi- und Yang-Schwäche von Milz, Herz und Nieren, bei Lungen-Qi-Mangel, Feuchtigkeit; bei Abwehrschwäche, Kälteempfindlichkeit, Antriebsschwäche;
Kalorien p. Portion 357
Kochdauer ca. 30 Min.
Thermische Wirkung: warm

Menge	Zutaten		
3 EL	Butter Bio		E
2 EL	Ingwer frisch		M
1 Prise	Salz	ja	W
2 Stück (Beine)	Huhn Fleisch		H
1 Schuß	Lycheelikör		F
1 Prise	Curry		M
1 Schuß	Sake		M
4 EL	Mais		E
1/2 Tasse	Hirse		E
2 Tassen	Wasser	ja	E
1 Prise	Salz	ja	W
1/2 Stück	Kopfsalat		F
1 EL	Olivenöl		E
1 TL	Essig (Apfelessig)		H
2 EL	Wasser	ja	E
1 Prise	Salz	ja	W
1 EL	Kräuter verschiedene		

Kochanleitung:
In einer heißen Pfanne (am besten aus Gusseisen oder Emaille) Butter erhitzen; reichlich kleingeschnittenen Ingwer (etwa 1 gehäuften EL pro Hühnerbein) bei niedriger Hitze kurz anbraten; etwas Salz, Hühnerschlegel und/oder andere Teile vom Huhn rundherum bei sanfter Hitze anbraten; Lycheelikör oder Ahornsirup, wenig Curry dazugeben und kurz mitbraten; reichlich Sake unterrühren; Maiskörner (aus dem Glas, Naturkosthandel) dazugeben; alle Zutaten in der Soße einige Minuten sieden lassen, bis das Fleisch gar ist; mit Salz abschmecken.

Dazu passt: Hirse, Blattsalat oder Kopfsalat.

6.22 Kokosreis mit Kardamom

Stärkt Lunge und Milz, diuretisch, stärkt Qi, schützt Leber. Stärkt Magen und Milz, stärkt Muskeln, reduziert Feuchtigkeit. Stärkt Qi und Nieren-Jing. Stärken Qi von Herz und Lunge, löscht Durst, treibt Harn.
Kalorien p. Portion 266
Kochdauer ca. 45 Min.
Thermische Wirkung: neutral

Menge	Zutaten		
1 Tasse	Reis Langkornreis		M
6 Tassen	Wasser	ja	E
1 EL	Zucker Ursüße (Zuckerrohr) süß		E
1 TL	Kardamom		M
1/2 TL	Ingwer frisch		M
2 EL	Butter Bio		E
2 EL	Kokosraspeln		E
1 EL	Cashewnüsse		E
1 EL	Rosinen		E
1 Prise	Salz	ja	W
1/2 Stück	Zitrone		H
300 g.	Kürbis		E
2 EL	Olivenöl		E
1 Prise	Koriander		M
1 Prise	Pfeffer (gemahlen)		M
1 Prise	Curry		M
50 ml.	Wasser	ja	E
1 Prise	Salz	ja	W
1 EL	Petersilie		H
1 Prise	Kardamom		M
1 Prise	Kurkuma (Gelbwurz)		F

Kochanleitung:
Vorbereitung: Langkornreis in kaltem Wasser 1 Stunde einweichen und abtropfen lassen.
Danach: Frisches Wasser zum Kochen bringen; etwas Vollrohrzucker, reichlich gemahlenen Kardamom oder einige Kardamomkapseln, geriebenen Ingwer und den Reis ins heiße Wasser geben und gar kochen.
Separat: In einem heißen Topf etwas Butter erhitzen; Kokosraspel, Cashewkerne und Rosinen darin rösten; den gekochten Reis und Salz dazugeben; Zitronensaft darüber träufeln; alles vermengen und einige Minuten durchziehen lassen.
Kürbisgemüse: Olivenöl in Pfanne erwärmen. Kürbis in Würfel geschnitten darin andünsten, würzen mit Koriander, Pfeffer und Curry, ablöschen mit wenig Wasser, mit Meersalz salzen, klein geschnittene Petersilie dazugeben mit Kardamom und Kurkuma würzen, auf kleinem

Feuer ca. 10 Min. köcheln, je nach Kürbisart, der Kürbis sollte noch bissfest sein.

6.23 Kokossuppe

Stärkt Qi und Blut; ist sehr wärmend. Nährt Yin, Blut und Jing, befeuchtet, entspannt, baut Qi auf, verteilt. Bewegt Qi, leitet nach oben. Löst Stagnation.
Kalorien p. Portion 151
Kochdauer ca. 20 Min. (+Grundrezept)
Thermische Wirkung: warm

Menge	Zutaten	
2 EL	Olivenöl	E
1 Stück	Lauch (Porree)	M
1 kleine	Zwiebel weiss	M
1 Liter	Grundrezept für eine Hühnerbrühe wärmend	
1/2 Saft	Zitrone, Limette	H
2 El	Kokosflocken	E
1/4 Liter	Kokosmilch	E
1 Prise	Piment	M
1 Prise	Chili (Schote oder gemahlen)	M
1 Prise	Salz Kräutersalz	W
1 EL	Zitronengras	

Kochanleitung:
Olivenöl in Pfanne geben, klein geschnittener Lauch und Zwiebel darin andünsten, mit Hühnerbrühe auffüllen, Zitronengras dazugeben, ca. 15 Min. köcheln lassen, Kokosflocken und Kokosmilch, Piment und Chili dazugeben, mit Kräutersalz salzen. Mit Zitronengras garnieren

6.24 Kuzusuppe in der Früh

Befeuchtet, entspannt, baut Qi auf, verteilt. Stärkt Magen, harmonisiert Mitte, reduziert innere Hitze, entgiftet, weicht auf, leitet nach unten.
Kalorien p. Portion 12
Kochdauer ca. 5 min.
Thermische Wirkung: neutral
Therapeutisches Rezept

Menge	Zutaten		
1 TL	Kuzu		E
1/4 Liter	Wasser	ja	E
1 Schuß	Sojasauce		W
1 Messerspitze	Umeboshipaste		W

Kochanleitung:
Kuzu mit kaltem Wasser anrühren und unter Rühren zum Kochen bringen. Sobald es glasig wird vom Herd nehmen und abkühlen lassen. Mit Tamari und Umeboshipaste oder zerkleinerten Umeboshi-Pflaumen abschmecken

Es besteht immer die Möglichkeit Ihren Magen und Darm mit diesem Rezept vor dem richtigen Frühstück zu unterstützen.
Eine morgendliche Kur für Magen und Schleimhäute. Bringt den Basenhaushalt in Ordnung.

6.25 Lammfleischsuppe HARIRA

Stärkt Qi und Yang; ist sehr erwärmend. Nährt Leber-Yin, produziert Körpersäfte. Stärkt Milz- und Nieren-Yang, lindert Schwächezustände, stärkt Qi, erwärmt Mittleren und Unteren Erwärmer.
Kalorien p. Portion 205
Kochdauer ca. 1 Stunde (+Grundrezept)
Thermische Wirkung: warm

Menge	Zutaten		
250 g.	Lamm Fleisch		F
3 große	Tomate		H
2 Stück	Zwiebel weiss		M
1 Bund	Petersilie		H
1/2 TL	Ingwer frisch		M
2 1/2 TL	Curcuma (Gelbwurz)		
1 TL	Salz	ja	W
1 Prise	Pfeffer (gemahlen)		M
1 Liter	Grundrezept für eine Rinderbrühe (klar)		
50 g. Kleine	Nudeln (Vollkorn) mit Ei		H
2 Stück	Huhn Ei		E
2 TL	Zitrone Saft		H
1 Prise	Zimtpulver		M

Kochanleitung:
Das Fleisch in 3cm Streifen schneiden. Tomate häuten und in Stücke schneiden. (Kerne lassen) Zwiebeln fein würfeln. Petersilie hacken.
 Öl erhitzen, Fleisch anbraten. Ingwer und Kurkuma unterziehen und salzen. Dann Tomate, Zwiebel und die Petersilie zufügen und mit heißer Fleischbrühe aufgießen. Die Suppe 45min. Zudecken und bei milder Hitze kochen. Die Nudeln einstreuen, aufkochen und mit offenem Topf noch 10min. Bei milder Hitze kochen lassen. Den Topf vom Herd nehmen. Die Eier mit dem Zitronensaft und den Zimt verquirlen und in die Suppe rühren. Nicht mehr kochen

6.26 Lammgeschnetzeltes mit Rosmarinkartoffeln

Stärkt Milz- und Nieren-Yang und Magen-Qi, lindert Schwächezustände, erwärmt Mittleren und Unteren Erwärmer. Stärkt Qi, lindert Entzündungen, befeuchtet, entspannt, baut Qi auf, verteilt.
Kalorien p. Portion 461
Kochdauer ca. 1 Stunde
Thermische Wirkung: warm

Menge	Zutaten	
450 - 500 g.	Lamm Fleisch	F
2 EL	Olivenöl	E
1 Stück	Zwiebel weiss	M
1 Zehe	Knoblauch	M
1 Prise	Muskatnuss	M
3 Stück	Karotte (Mohrrübe, Möhre)	E
1/4 Knolle	Sellerie Knolle	E
1 Zweig	Rosmarin	F
1 TL	Bohnenkraut	W
1 EL	Petersilie	H
1 Prise	Rosenpaprika	F
1/8 Liter	Rotwein	F
1 Prise	Salz Kräutersalz	W
1/2 Stück	Zitrone Saft	H
1 EL	Preiselbeere	H
6 Stück	Kartoffel	E

Kochanleitung:
Lammhüfte in Streifen schneiden, Karotten und Sellerie in kleine Würfel schneiden

Olivenöl in Pfanne erwärmen, Lammfleisch darin anbraten, geschnittene Zwiebeln und Knoblauch dazugeben, Salzen mit Kräutersalz, ganz wenig Wasser, Petersilie, mit Rotwein ablöschen, würzen mit Paprika und klein geschnittenem Rosmarin, Beifuß, Bohnenkraut, Karotten und Sellerie dazugeben, Hitze zurückdrehen auf kleinem Feuer ca. 35 Minuten köcheln lassen. Nachwürzen mit Pfeffer und Muskat, evt. noch nachsalzen, wenig Zitronensaft dazugeben, nachwürzen mit Paprika, Preiselbeeren unterziehen.

Kartoffeln in der Länge halbieren, wenig Olivenöl auf die Schnittfläche streichen, salzen, 2 - 3 Rosmarinnadeln auf jede halbe Kartoffel streuen, Kartoffeln auf Backblech stellen und im vorgeheizten Backofen ca. 25 Minuten auf 190 Grad backen.

6.27 Lammkeule aus dem Ofen

Stärkt Milz- und Nieren-Yang, lindert Schwächezustände, stärkt Qi, erwärmt Mittleren und Unteren Erwärmer. Stärkt Qi, stärkt Milz, lindert Entzündungen, befeuchtet, entspannt, baut Qi auf, verteilt. Nährt Leber-Yin, kühlt Hitze, produziert Körpersäfte.
Kalorien p. Portion 484
Kochdauer ca. 2 Stunden
Thermische Wirkung: warm

Menge	Zutaten		
ca 1 Kg. (Keule)	Lamm Fleisch		F
2 EL	Olivenöl		E
500 g.	Kartoffel		E
3 Stück	Zwiebel Schalotte		M
1 Prise	Pfeffer (gemahlen)		M
1 Prise	Salz	ja	W
4-5 Stück	Tomate		H
1 Prise	Rosenpaprika		F
1 Prise	Rosmarin		F
1 Prise	Thymian		W
1 TL	Bohnenkraut		W

Kochanleitung:
Lammkeule auf ein mit Olivenöl bepinseltes Ofenblech legen; geschälte und geviertelte Kartoffeln sowie die geviertelten Zwiebeln auf dem Blech verteilen; mit Pfeffer, Salz bestreuen; Tomaten grob geschnitten dazugeben; mit Rosenpaprika bestäuben; mit Olivenöl beträufeln; getrockneten Rosmarin, Bohnenkraut, Thymian drüberstreuen; 15 Minuten bei 250°C backen; dann die Hitze auf 150°C reduzieren und weitere 1 1/2 Stunden backen; ab und zu etwas Wasser über das Blech träufeln.
Dazu passt: trockener Rotwein, Endiviensalat, Radicchio, Frisée oder Feldsalat und Hirse.

6.28 Lauchsuppe mit Mandelmus

Bewegt Qi. Befeuchten Lunge und Dickdarm. Kühlt Hitze, bewahrt die Säfte, zieht zusammen. Stärkt Qi, stärkt Milz, lindert Entzündungen, befeuchtet, entspannt, verteilt.
Kalorien p. Portion 115
Kochdauer ca. 20 Min.
Thermische Wirkung: warm

Menge	Zutaten		
1/2 Liter	Wasser	ja	E
1 Prise	Zucker Ursüße (Zuckerrohr) süß		E
2 Stück	Lauch (Porree)		M

1 Prise	Salz	ja	W
1/2 Stück	Zitrone Saft		H
1 Zweig	Rosmarin		F
alternativ zu Rosmarin Rosenpaprika			F
1/2 TL	Kuzu		E
1 EL	Kartoffelmehl		E
2 EL	Mandelmus		E
einige Tropfen	Sesamöl		E
1 Prise	Pfeffer weiss (gemahlen)		M

Kochanleitung:
In heißes Wasser eine Prise Vollrohrzucker geben, kleingeschnittenen Lauch und eine Prise Salz dazugeben; köcheln, bis der Lauch halb gar ist; mit Zitronensaft, frischem Rosmarin oder Rosenpaprika abschmecken; Kuzu, Kartoffelmehl separat in kaltem Wasser auflösen; die Suppe damit eindicken; Mandelmus, einige Tropfen geröstetes Sesamöl, Pfeffer dazugeben und köcheln, bis der Lauch gar ist.
Variante: Champignons mitkochen; sie bauen Säfte auf und mildern die yangisierende Wirkung des Lauchs.

6.29 Linsen-Reis-Eintopf

Stärkt Milz und Leber, reguliert Qi-Fluss, befeuchtet, entspannt, baut Qi auf, verteilt. Wärmt Magen und Milz, harmonisiert den Darm, stärkt Qi-Funktion, reduziert Feuchtigkeit. Bewegt Leber-Qi, kühlt Hitze.
Kalorien p. Portion 232
Kochdauer ca. 25 Min.
Thermische Wirkung: warm

Menge	Zutaten		
100 g.	Linsen (Helmbohnen)		W
5 Tassen	Wasser	ja	E
1 Tasse	Reis Sorte beliebig		M
1 EL	Sesamöl		E
2 Stück	Karotte (Mohrrübe, Möhre)		E
2 Stangen	Sellerie Stangensellerie		E
1 Prise	Cumin (Kreuzkümmel)		M
1 Prise	Salz	ja	W
1 Schuß	Essig (Apfelessig)		H
2 EL	Petersilie		H

Kochanleitung:
Linsen einweichen; in einem heißen Topf Sesamöl erhitzen; Karotte und Stangensellerie klein schneiden und andünsten; Reis, eine Prise Cumin und Linsen dazugeben und aufkochen; wenn die Linsen weich sind, Salz zugeben; mit etwas Essig abschmecken und mit Petersilie garnieren.
Variante: Im Sommer kann man das Cumin weglassen und frische grüne Erbsen, Chinakohl oder Stangensellerie dazunehmen.

6.30 Marinierte Pute mit Cashewkernen aus dem Wok

Erwärmend und nährend, leitet das Qi nach oben. Stärkt Qi, Blut und Yang, löst Stagnation. Wärmt Magen und Milz, harmonisiert den Darm, stärkt Qi-Funktion, reduziert Feuchtigkeit.
Kalorien p. Portion 318
Kochdauer ca. 30 Min. (+Grundrezept)
Thermische Wirkung: neutral

Menge	Zutaten		
300 g.	Pute Brustfleisch		E
bis bedeckt	Sake		M
2 EL	Sesamöl		E
1/2 TL	Ingwer frisch		M
1 Prise	Salz	ja	W
1/2 Stück	Zitrone		H
1/8 Liter	Rotwein		F
1 Prise	Zucker Ursüße (Zuckerrohr) süß		E
4 Stück	Zwiebel Frühlingszwiebel		M
2 Stück	Tomate		H
1 Tasse	Grundrezept für eine Hühnerbrühe wärmend		
2 EL	Cashewnüsse		E
1 Schuß	Sojasauce		W
1 Tasse	Reis Basmatireis		M
6 Tassen	Wasser	ja	E
1 Prise	Salz	ja	W

Kochanleitung:
Vorbereitung: geschnetzeltes Putenfleisch, mit Reiswein knapp bedecken; über Nacht oder einige Stunden marinieren.

Danach: Abseihen und gut abtropfen lassen; in einem heißen Wok Sesamöl erhitzen; fein geschnittenen Ingwer anbraten; das Fleisch kurz anbraten; die Marinade dazugeben; Salz, Zitronensaft, Rotwein oder Rosenpaprika dazugeben; das Fleisch 2 - 3 Minuten in der Soße ziehen lassen; dann herausschöpfen; etwas Vollrohrzucker in die Soße im Wok geben; einige Frühlingszwiebeln (die weißen Teile), eine Prise Salz, kleingeschnittene Tomaten, 1 Tasse Hühnerbrühe dazugeben; köcheln, so dass die Zwiebeln noch knackig sind; geröstete Cashewkerne, das Fleisch in die Soße geben und erhitzen; mit Sojasoße abschmecken; das Grün der kleingeschnittenen Frühlingszwiebeln unterheben.

Nebenbei den Reis mit dem Wasser aufstellen, salzen und ca. 20 Min. kochen.

6.31 Minestrone

Stärkt Qi der Mitte. Kühlt Hitze, diuretisch, kühlt Blut, reduziert Schleim, reduziert Hitze, befeuchtet, entspannt, baut Qi auf, verteilt. Nährt Leber-Yin, kühlt Hitze, produziert Körpersäfte.
Kalorien p. Portion 210
Kochdauer ca. 30 Min.
Thermische Wirkung: kühl

Menge	Zutaten		
2 Stück	Zwiebel Schalotte		M
1 TL	Sonnenblumenöl		E
1/2 Liter	Wasser	ja	E
2 Stück	Karotte (Mohrrübe, Möhre)		E
1 Handvoll	Wirsing/Grünkohl		E
1 Handvoll	Bohnen (grün, frisch)		W
3 Stück	Sellerie Stangensellerie		E
4 EL	Erbse, grün		W
1 Stück	Zucchini		E
1 Tasse	Reis Sorte beliebig		M
3 Blatt	Lorbeerblatt		M
1 EL	Sonnenblumenöl		E
1 Prise	Salz	ja	W
3 Stück	Tomate		H
1 Zweig	Thymian		W
2 EL	Parmesan		E
4 Blatt	Basilikum		M

Kochanleitung:
Zwiebel separat in Öl und etwas Wasser in einem Topf glasig braten und mit Wasser aufgießen. Gemüse, Reis und Salz dazugeben und leise weiterköcheln; Tomaten, einen kleinen Thymianzweig, Basilikum und Lorbeer dazugeben und noch kurz ziehen lassen. Mit Parmesan servieren.

6.32 Mungobohnen-Eintopf

Leitet überschüssige Hitze aus; ist sehr nahrhaft. Reduziert Hitze und Gift, weicht auf, leitet nach unten. Wärmt Magen und Milz, harmonisiert den Darm, stärkt Qi-Funktion, reduziert Feuchtigkeit.
Kalorien p. Portion 665
Kochdauer ca. 2 Stunden
Thermische Wirkung: kühl

Menge	Zutaten	
1/4 Kg.	Mungobohne	W
3 EL	Sonnenblumenöl	E
1/2 TL	Amaranth	F
1/2 TL	Fenchelsamen gemahlen	E

1/2 TL	Cumin (Kreuzkümmel)		M
1/2 TL	Koriander		M
1/2 Tasse	Reis Rundkornreis		M
3 Tassen	Wasser	ja	E
2 cm.	Ingwer frisch		M
3 cm.	Kombualge		W
1 Prise	Salz	ja	W
1 EL	Petersilie		H

Kochanleitung:
Mungobohnen über Nacht einweichen; in einem heißen Topf Sonnenblumenöl erhitzen; Amaranth, Fenchelsamen, Cumin und Koriander einrühren und kurz anrösten; Basmatireis, etwas Ingwer und Mungobohnen zugeben und kurz rösten; Wasser aufgießen und alles aufkochen; ein Stück Kombu-Alge und Salz hineingeben. 1-1/2 Stunden köcheln; mit Petersilie oder Koriander grün garnieren.

6.33 Nierenbohneneintopf mit Lamm und Salbei

Nähren Yin von Herz und Niere. Stärkt Milz- und Nieren-Yang, stärkt Qi, erwärmt Mittleren und Unteren Erwärmer. Löst Stagnation, leitet nach oben. Befeuchtet, befeuchtet, entspannt, baut Qi auf, verteilt.
Kalorien p. Portion 391
Kochdauer ca. 1 1/2 Stunden
Thermische Wirkung: warm

Menge	Zutaten		
3 EL	Sojaöl		E
2 Stück	Zwiebel weiss		M
200 g	Lamm Fleisch		F
4-5 Blätter	Salbei		F
1 Prise	Salz	ja	W
1/2 TL	Rosmarin		F
1/2 TL	Thymian		W
250 g.	Nierenbohnen (rote)		W
3/4 Liter	Wasser	ja	E

Kochanleitung:
Nierenbohnen über Nacht in Wasser einweichen. In einem Topf Zwiebel mit Öl anrösten. Das Lamm in Würfel schneiden und in den Topf geben. Mit Salz, Salbei, Rosmarin und Thymian würzen. Lamm gut anrösten und Topf zudecken. Bei kleiner Flamme dünsten lassen und nach 10 min einen dreiviertel Liter kaltes Wasser dazu geben. Wieder etwas salzen. Zum Kochen bringen. Wenn das Wasser kocht, Bohnen dazu geben. Mind. 1 Stunde köcheln bis Bohnen und Fleisch weich sind.

6.34 Pikante Tofu-Gemüse-Pfanne

Nährend und leicht erfrischend, baut Qi und Säfte auf. Reguliert Qi, wärmt das Innere, senkt Kälte ab, stärkt Magen, lindert Obstipation, stärkt Yang, löst Schleim, reduziert Wind.

Kalorien p. Portion 241
Kochdauer ca. 25 Min.
Thermische Wirkung: warm

Menge	Zutaten		
2 EL	Sesamöl		E
2 Stück	Karotte (Mohrrübe, Möhre)		E
1 Stück	Fenchel		E
1 Stück	Lauch (Porree)		M
1 Prise	Salz	ja	W
1 Prise	Kurkuma (Gelbwurz)		F
1 Spritzer	Zitrone Saft		H
1 Paket	Soja Tofu		E
1 Prise	Pfeffer (gemahlen)		M
1 Schuß	Sojasauce		W
1 Tasse	Reis Vollkorn		M
6 Tassen	Wasser	ja	E
1 Prise	Salz	ja	W

Kochanleitung:
In einem heißen Wok oder einer heißen Pfanne Sesamöl erhitzen; kleingeschnittene Karotten, Fenchel und Lauchscheiben anbraten; Salz, einen Spritzer Zitronensaft, Kurkuma, Tofuwürfel 1 - 2 Minuten mitbraten; Pfeffer dazugeben und zugedeckt etwa 5 Minuten schmoren; mit Sojasoße beträufeln.
Den Reis im gesalzenen Wasser zustellen, aufkochen lassen und bei kleiner Hitze ca. 15 Min. Quellen lassen.

6.35 Polentaschnitte mit Ratatouille

Stärkt Magen-Qi, diuretisch, befeuchtet, entspannt, baut Qi auf, verteilt. Nährt Leber-Yin, kühlt Hitze, produziert Körpersäfte. Kühlt und bewegt Blut, reduziert äußeren und inneren Wind, reduziert innere Hitze.

Kalorien p. Portion 225
Kochdauer ca. 30 min
Thermische Wirkung: kühl

Menge	Zutaten		
1 Tasse	Mais Grieß (Polenta)		E
2 Tassen	Wasser	ja	E
1 Stück (große)	Aubergine		E
2 Stück	Zucchini		E
2 Stück	Zwiebel weiss		M

Menge	Zutaten		
4 Stück (passiert)	Tomate		H
2 EL	Olivenöl		E
1 Prise	Salz	ja	W
1 EL gehackte	Petersilie		H
1/2 TL	Thymian		W
2 EL gehackte	Zwiebel Frühlingszwiebel		M
4 Blätter	Basilikum		M
2 EL	Parmesan		E

Kochanleitung:
Doppelte Menge Wasser zu Polenta mit Salz und Öl zum Kochen bringen. Polenta unter ständigem Rühren einrieseln lassen. Vom Feuer nehmen und 20 min quellen lassen. Inzwischen geschnittene Zwiebel in Topf mit heissem Öl geben. Gewürfelte Zucchini, Tomaten und Melanzani dazugeben und ca 20 min dünsten. Basilikum, Thymian, Salz dazugeben.
Blech mit Öl bestreichen, Polenta gleichmäßig auftragen und warten bis es fester wird.
Gekochte Ratatouille auf Polente darübergeben, portionieren und dann für paar min in den Backofen (eventuell mit geriebenen Parmesan).
Mit frischer Petersilie und fein geschnittenen Frühlingszwiebel bestreuen.
Der wertvolle Tipp: Die Polentaschnitten sind ideal für unterwegs

6.36 Quinoa mit Pfirsich

Nährt Blut und Säfte, bewegt Blut, baut Qi auf, verteilt. Stärkt Qi, trocknet aus, leitet nach unten. Stärkt Mittleren Erwärmer, befeuchtet.
Kalorien p. Portion 247
Kochdauer ca. 20 min.
Thermische Wirkung: warm

Menge	Zutaten		
1 Tasse	Quinoa		F
2 Tassen	Wasser	ja	E
2 TL	Honig		E
2 Stück	Pfirsich		E
2 TL	Leinöl		E
1 TL gehackte	Zitronenmelisse (frisch)		M
1 Prise	Chili (Schote oder gemahlen)		M
1 Prise	Zimtpulver		M
1 Prise	Vanille		E

Kochanleitung:
Am Abend: Quinoa in heißes Wasser und zugedeckt 15 bis 20 weich kochen.
In der Früh: Quinoa mit 1 El Wasser aufwärmen.
Pfirsiche in einem Topf leicht dünsten oder frisch dazu geben. Mit frischer Zitronenmelisse dekorieren.

6.37 Quinoa pikant + Avocado

Nährt Yin von Leber, Lunge und Dickdarm, befeuchtet, entspannt, baut Qi auf, verteilt. Stärkt Milz und Leber, reguliert Qi-Fluss, entspannt, baut Qi auf, verteilt. Stärkt Qi, Reguliert Qi, wärmt Milz und Niere, löst Stagnation
Kalorien p. Portion 561
Kochdauer ca. 20 min.
Thermische Wirkung: kühl

Menge	Zutaten		
2 Tassen	Wasser	ja	E
1 Tasse	Quinoa		F
1 Stück geraspelt	Karotte (Mohrrübe, Möhre)		E
2 EL gehackte	Zwiebel Frühlingszwiebel		M
1/2 TL	Curcuma (Gelbwurz)		
1 Stück weiche	Avocado		E
1 Prise	Salz	ja	W
1 Prise	Pfeffer (gemahlen)		M
2 TL	Leinöl		E
1 EL	Petersilie (gehackt)		H

Kochanleitung:
Quinoa in heißes Wasser, geraspelte Karotte dazu, Pfeffer und Salz, grünen Teil der Frühlingszwiebel, Curcuma, Weißen Teil der Frühlingszwiebel.
Nach 20 min vom Feuer ziehen
Vorgeschnittene Avocado untermischen
Einen Schuß Öl dazu und mit frischer Petersilie und Gomasio bestreuen

Gewürze und Kräuter : Kurkuma, Kardamom, Kresse, Petersilie, Schnittlauch

Variation:. Für die, die es deftiger wollen, kann auch eine Sardine aus der Biofischkonserve verwendet werden. Falls Sie der „Eiweiß-Typ" sind, hält dieses Frühstück besonders lange satt!

6.38 Rasche Flocken mit Kompott oder Marmelade

Stärkt Qi, trocknet aus, leitet nach unten. Stärkt Mittleren Erwärmer, befeuchtet. Befeuchtet, entspannt, baut Qi auf, verteilt. Stärken Nieren-Qi, -Essenz und Gehirn, stärkt Niere. Wärmt Mitte.
Kalorien p. Portion 231
Kochdauer ca. 5 min.
Thermische Wirkung: warm

Menge	Zutaten		
5–7 EL	Quinoa		F
1/4 Liter	Wasser	ja	E
1 Tasse	Kirschenkompott		E
1 EL gerieben	Walnüsse		E
1 EL	Olivenöl		E
2 EL	Honig		E
1 Prise	Vanille		E
1 Prise	Anis (gemeiner Fenchel)		E
1 Prise	Kardamom		M
1 Prise	Chili (Schote oder gemahlen)		M

Kochanleitung:
Flocken in eine Pfanne geben und mit Wasser aufgießen. 3-5 Minuten aufkochen, vom Feuer ziehen, Nüsse und Kompott dazugeben. Ein Schuß Öl dazugeben. Süßen nach Bedarf mit Honig, Vollrohrzucker oder Agavendicksaft.

Gewürze und Aromen : Vanille, Anis, Fenchel oder Koriander, Kardamom, wenig Chili
Winter: Apfelkompott, Birnenkompott, Früchtemarmelade
Sommer: Zwetschkenkompott, Marillenkompott

6.39 Reis-Congee mit Trockenfrüchten

Wärmt Magen und Milz, harmonisiert den Darm, stärkt Qi-Funktion, reduziert Feuchtigkeit. Nährt Blut und Yin, harmonisiert Lungen-Qi. Stärkt Qi und Nieren-Jing, befeuchtet, entspannt, baut Qi auf, verteilt.
Kalorien p. Portion 210
Kochdauer ca. 10 Min. (+Grundrezept)
Thermische Wirkung: warm

Menge	Zutaten		
4 Tassen	Grundrezept für eine Reissuppe (Congee)		
1/2 EL	Butter Bio		E
6 EL	Aprikose getrocknet		E
1/2 Tasse	Wasser	ja	E
1 Schuß	Ahornsirup		E

Kochanleitung:
Reis-Congee nach Grundrezept kochen.

Etwas Butter bei kleiner Flamme zerlassen und klein geschnittene Trockenfrüchte mit 1/2 Tasse Wasser kurz darin dünsten. Die für die Mahlzeit gewünschte Menge an Reisbrei zugeben und erhitzen. Heiß servieren und bei Bedarf mit Ahornsirup nachsüßen.
Variante: Zusätzlich frisches Obst mit andünsten.

6.40 Reis-Dulse-Suppe

Stärkt Milz und Leber, reguliert Qi-Fluss, entspannt, baut Qi auf, verteilt. trocknet aus, leitet nach unten. Stärkt Magen-Qi. Wärmt Magen und Milz, harmonisiert den Darm, stärkt Qi-Funktion, reduziert Feuchtigkeit.
Kalorien p. Portion 190
Kochdauer ca. 5 min (+Grundrezept)
Thermische Wirkung: warm

Menge	Zutaten	
4 Tassen	Grundrezept für eine Reissuppe (Congee)	
1/2 Liter	Grundrezept für eine Gemüsebrühe nahrhaft	
2 EL	Dulse (Lappentang)	W

Kochanleitung:
Eine Portion vorgekochtes Grundrezept für eine Reissuppe (Congee) mit vorgekochtes Grundrezept für eine Gemüsebrühe nahrhaft aufwärmen.

Dulse im Backofen bei 220 Grad 3 Min. backen. Die knusprige Dulse über die Suppe streuen.

6.41 Reisnudelsuppe mit Shiitakepilzen

Stärkt Milz und Leber, reguliert Qi-Fluss, entspannt, baut Qi auf, verteilt. trocknet aus, leitet nach unten. Stärkt Magen-Qi. Nährt Yin von Lunge, Magen und Dickdarm, unterstützt die Verdauung. Reduziert inneren Wind
Kalorien p. Portion 65
Kochdauer ca. 20 Min. (+Grundrezept)
Thermische Wirkung: neutral

Menge	Zutaten	
2 Handvoll	Reisnudeln	M
4-6 Stück	Shiitake, getrocknet	E
2 Tassen	Grundrezept für eine Gemüsebrühe nahrhaft	
1 Tasse	Chinakohl	E
1 TL	Liebstöckel	M
2 EL	Miso	W

Kochanleitung:
Reisnudeln und Shiitakepilze getrennt in kaltem Wasser einweichen. Gemüsebrühe erhitzen und eingeweichte, in Streifen geschnittene Shiitakepilze zugeben und sanft köcheln. Chinakohl nudelig schneiden, Liebstöckelgrün und Reisnudeln dazugeben und kurz ziehen lassen. Vor dem Servieren in etwas abgekühltem Kochwasser gelöstes Miso einrühren.

Empfehlung: Geeignet zu Beginn jeder Mahlzeit, auch zum Frühstück

6.42 Reissuppe mit frischen Früchten

Stärkt Niere und Blase. Stärkt Qi und Nieren-Jing, befeuchtet, entspannt, baut Qi auf. Reduziert innere Hitze, produziert Körpersäfte. Stärkt Mitte, befeuchtet, entspannt, verteilt. Vertreibt Kälte, löst Stagnation, treibt Schweiß, regt Nerven an.
Kalorien p. Portion 143
Kochdauer ca. 1 1/2 Stunden
Thermische Wirkung: kühl

Menge	Zutaten		
1 Tasse	Reis Wilder (Naturreis)		M
8 Tassen	Wasser	ja	E
2 Tassen	Apfel (süß)		E
1 EL	Butter Bio		E
1 Prise	Vanille		E
1 kleine Prise	Chili (Schote oder gemahlen)		E
2 TL	Zucker Ursüße (Zuckerrohr) süß		M
			E

Kochanleitung:
Reis-Congee nach Grundrezept zubereiten. Am Ende klein geschnittene Früchte nach Saison, Vanille, Chili und Butter zugeben; nach Geschmack süßen.
Variante: Mit Nüssen kann das Gericht jederzeit reichhaltiger und sättigender gestaltet werden.
Wirkung: Gekochte oder gedünstete Früchte sind leichter verdaulich und wirken besser auf die Produktion von Körpersäften als rohe. Bei einigen Früchten, die sich besonders für heiße Tage im Sommer eignen - wie Melonen und Beeren-, empfiehlt es sich dennoch, die Früchte nur zum heißen Brei hinzuzufügen. Andere Obstsorten - wie Äpfel, Birnen, Pflaumen und Kirschen - können auch eine Weile mitgeköchelt werden

6.43 Reissuppe mit geraspelten Karotten und frischen Kräutern

Stärkt Milz und Leber, reguliert Qi-Fluss, befeuchtet, entspannt, baut Qi auf, verteilt. Stärkt Niere und Blase.
Kalorien p. Portion 131
Kochdauer ca. 5 min.
Thermische Wirkung: neutral

Menge	Zutaten		
1 Tasse	Reis Wilder (Naturreis)		M
6 Tassen	Wasser	ja	E
1 Stück	Karotte (Mohrrübe, Möhre)		E
1 Schuß	Sojasauce		W
1 TL	Butter Bio		E
1 Prise	Kümmel		E

| 1 Prise | Curcuma (Gelbwurz) |
| 1 TL gehackt | Kräuter verschiedene |

Kochanleitung:
In einer Portion vorgekochtem Reis-Congee eine geraspelte Karotte weichkochen, Butter und Sojasauce dazugeben
Mit frischen Kräutern bestreuen
Gewürze und Kräuter : Schwarzkümmel, Kurkuma, Kardamom, Petersilie, Salbei, Thymian, Basilikum, Rosmarin
Wintereinstieg : Pastinaken, Sellerie, Zwiebel, Lauch, Kürbis
Sommereinstieg : Tomaten, Zucchini, Frühlingszwiebel, Radieschen, Rucola

6.44 Rettichgemüse mit Frühlingszwiebeln und Karotten

Nährend, befeuchtend und dynamisierend, bewegt Qi und Blut. Löst Stagnation, leitet nach oben. Stärkt Magen-Qi, diuretisch, befeuchtet, entspannt, baut Qi auf, verteilt. Reguliert Qi, wärmt Milz und Niere.
Kalorien p. Portion 246
Kochdauer ca. 30 Min.
Thermische Wirkung: neutral

Menge	Zutaten		
2 Stück	Karotte (Mohrrübe, Möhre)		E
1/2 Stück	Rettich schwarz		M
1 Messerspitze	Ingwer Pulver		M
1 Stück	Zwiebel Frühlingszwiebel		M
1 Prise	Salz	ja	W
1 Schuß	Sojasauce		W
2 EL	Zitrone Saft		H
1 Prise	Curcuma (Gelbwurz)		
1 Prise	Rosenpaprika		F
1 TL	Butter Bio		E
1/4 Liter	Wasser	ja	E
1 Tasse	Mais Grieß (Polenta)		E
1 Prise	Salz	ja	W

Kochanleitung:
In heißem Wasser, in feine Streifen geschnittene Karotten, schwarzen oder weißen fein geschnitten Rettich, eine Msp. geriebenen Ingwer 10 Minuten dünsten; währenddessen kleingeschnittene Frühlingszwiebeln, Salz, Sojasoße, etwas Zitronensaft, eine Prise Kurkuma oder Rosenpaprika und ein Stück Butter unterrühren.
Die Polenta in einen Topf mit heißem Wasser unter ständigem Rühren einrieseln bis die Polenta die gewünschte Konsistenz hat. Die Polenta vom Feuer ziehen und ca 10 min quellen lassen.

6.45 Rettichgemüse mit Meerrettich

Leicht erfrischend und befeuchtend löst Stagnation. Nährt Blut und Leber, harmonisiert Leber und Milz, stärkt Sehkraft, bewahrt die Säfte, zieht zusammen, löst Stagnation, leitet nach oben.
Kalorien p. Portion 196
Kochdauer ca. 30 Min.
Thermische Wirkung: neutral

Menge	Zutaten		
1 EL	Butter Bio		E
1/2 Stück	Rettich (weiß, grün, lila-rot)		M
3 EL	Wasser	ja	E
2 EL	Zitrone Saft		H
2 EL	Weißwein		H
1 Prise	Rosenpaprika		F
1 TL	Sesamöl		E
2-3 EL	Rettich Meerrettich (Kren)		M
1 Prise	Salz	ja	W
1 Bund gehackte	Petersilie		H
1/2 Tasse	Reis Langkornreis		M
3 Tassen	Wasser	ja	E
1 Prise	Salz	ja	W

Kochanleitung:
In einer heißen Pfanne die Butter schmelzen, in Stifte geschnittenen Rettich andünsten. Mit kaltem Wasser aufgießen, Zitronensaft, Weißwein, eine Prise Rosenpaprika und das Sesamöl unterrühren; mit 2 - 3 EL frisch geriebenem Meerrettich (ersatzweise 1 TL aus dem Glas), Salz abschmecken; gehackte Petersilie drüberstreuen.
Reis mit dem Wasser aufstellen, salzen und ca. 15 Min. kochen lassen.

6.46 Rindfleischsuppe mit Karotten, Lauch, Lorbeer

Stärkt Milz-Qi, stärkt Blut und Qi, befeuchtet, entspannt, baut Qi auf, verteilt. Stärkt Milz und Leber, reguliert Qi-Fluss. Stärkt Magen-Qi.
Kalorien p. Portion 194
Kochdauer ca. 2-3 Stunden
Thermische Wirkung: warm

Menge	Zutaten		
1/2 Kg.	Rind Fleisch		E
2 Stück	Karotte (Mohrrübe, Möhre)		E
1/2 Stück	Lauch (Porree)		M
3 Blätter	Lorbeerblatt		M
1 EL	Mais Grieß (Polenta)		E
1/2 Liter	Wasser	ja	E
1 Prise	Salz	ja	W

Kochanleitung:
Wenig kaltes Wasser aufsetzen (soviel, dass das Fleisch eben bedeckt wird); Rindersuppenfleisch oder Beinscheibe zum Kochen bringen und einen Moment sieden lassen; dann die Brühe weggießen, das Fleisch mit heißem Wasser abbrausen (dadurch erspart man sich das Abschäumen), den Topf säubern und erneut das Fleisch in heißem Wasser aufsetzen; kleingeschnittene Karotte, Lauch, den Mais und Lorbeer hinzugeben; köcheln, bis das Fleisch gar ist.

6.47 Rote Linsen mit Avocado und Rettich

Nährend und befeuchtend baut Qi und Säfte auf. treibt Schweiß, reduziert Blutfett, regt an, löst Stagnation.
Kalorien p. Portion 268
Kochdauer ca. 20 Min.
Thermische Wirkung: kühl

Menge	Zutaten		
2 Scheiben	Ingwer frisch		M
2 Tassen	Wasser	ja	E
1 Tasse	geschälte Linsen rot		W
3 cm.	Wakame		W
1 Prise	Salz	ja	W
1 Spritzer	Zitrone Saft		H
1 Prise	Curcuma (Gelbwurz)		
1 Stück	Avocado		E
1 Prise	Pfeffer (gemahlen)		M
1 Prise	Rosenpaprika		F
1 Schuß	Sesamöl		E
1 Tasse	Rettich (weiß, grün, lila-rot)		M

Kochanleitung:
Etwas kleingeschnittenen Ingwer in einen Topf geben; kaltes Wasser, geschälte rote Linsen, ein Stück Wakame oder eine kleine Menge Hijiki dazugeben und gar köcheln; mit Salz, etwas Zitronensaft, Kurkuma abschmecken.
Währenddessen: ½ Avocado pro Portion auf einem Drittel des Tellers anrichten: gemahlenen Pfeffer, eine Prise Salz, etwas Zitronensaft, eine Prise Rosenpaprika, ganz wenig Sesamöl darübergeben; geraspelter Rettich auf das zweite Tellerdrittel geben; das Linsengericht in das letzte Drittel des Tellers füllen.
Variante: Radieschenscheiben an Stelle des Rettichs verwenden.

6.48 Schwarzaugenbohnen-Eintopf

Stärkt Milz und Niere; ist sehr nahrhaft. Wärmt Magen und Milz, harmonisiert den Darm, stärkt Qi-Funktion. Stärken Magen und Niere, stärkt Milz und Niere.
Kalorien p. Portion 140
Kochdauer ca. 20 Min.
Thermische Wirkung: warm

Menge	Zutaten		
1 Tasse	Schwarzaugenbohnen		W
2 Tassen	Reis Sorte beliebig		M
10 Tassen	Wasser	ja	E

Kochanleitung:
Bohnen über Nacht einweichen. In einem Verhältnis von 1:2 die Bohnen mit dem Reis zusammen weich köcheln. Je nachdem, wie heiß die Flamme ist und wie dünn das Gericht sein soll, muss mehr Wasser hinzugefügt werden.
Variante: In Öl angebratene Gemüse wie Karotten, Sellerieknolle, Zwiebeln oder Lauch dazugeben.

6.49 Suppe mit Eigelb

Stärkt Qi und Yang; ist sehr erwärmend.
Kalorien p. Portion 173
Kochdauer ca. 5 Min. (+Grundrezept)
Thermische Wirkung: warm

Menge	Zutaten		
1/4 Liter	Grundrezept für eine Rinderbrühe (klar)		
1 Stück	Huhn Eigelb		E

Kochanleitung:
Suppe aufwärmen und den Dotter einquirrln.

6.50 Tafelspitz nach klassischer Art

Stärkt Milz-Qi, stärkt Blut und Qi, befeuchtet, entspannt, baut Qi auf, verteilt. Stärkt Qi, stärkt Milz, lindert Entzündungen, befeuchtet.
Kalorien p. Portion 453
Kochdauer ca. 3 Stunden
Thermische Wirkung: warm

Menge	Zutaten		
1 Stück	Zwiebel weiss		M
1 EL	Maiskeimöl		E
3 1/2 l.	Wasser	ja	E
2 Kg Tafelspitz	Rind Fleisch		E
4-6	Rind Fleischknochen mit Mark		E

Menge	Zutaten		
1 Prise	Salz	ja	W
15 Stk.	Pfeffer Körner		M
1 Stück	Pastinake		F
2 Stück	Karotte (Mohrrübe, Möhre)		E
1 Scheibe	Sellerie Knolle		E
2 Stück	Petersilienwurzel		E
1/2 Stange	Lauch (Porree)		M
1 EL gehackte	Lauchzwiebel Schnittlauch		M
1 Kg	Kartoffel		E
2 EL	Sonnenblumenöl		E
1 Prise	Salz	ja	W

Kochanleitung:
Zwiebeln halbieren, aber nicht schälen. Zwiebeln in einer Pfanne mit Fett an den Schnittflächen sehr dunkel bräunen. Fleisch und Knochen kurz mit warmen Wasser waschen, abtropfen lassen.
Wasser aufkochen, Fleisch einlegen und schwach wallend kochen.
Aufsteigenden Schaum ständig abschöpfen. Sobald kein Schaum mehr aufsteigt, Pfefferkörner und die Zwiebel zugeben. Wurzelwerk und Lauch putzen und nach ca. zweieinhalb Stunden Garzeit zugeben.
Tafelspitz noch eine weitere halbe Stunde köcheln lassen.
Tafelspitz aus der Suppe heben, durch ein Sieb gießen und mit Salz abschmecken. Wurzelwerk in mundgerechte Stücke schneiden.
Gemeinsam mit den Markknochen in die Suppe geben und unter dem Siedepunkt ziehen lassen. Tafelspitz gegen den Faserlauf in fingerdicke Scheiben schneiden, in die Suppe legen, nochmals erhitzen, mit ein wenig Schnittlauch bestreuen.
Nebenbei die Kartoffeln in Salzwasser garen und schälen. Grob stampfen oder feinwüfelig schneiden. In einer Pfanne mit dem Öl knusprig anbraten.

6.51 Tee Baldriantee

Wirkt trocknend, erwärmend, auflösend, beruhigend, besänftigt inneren Wind. Tonisiert das Herz-Qi und -Yang, bewegt das Herz-Blut Tonisiert bei Nieren- und Herz-Yang-Mangel.
Kalorien p. Portion 0
Kochdauer ca. 10 Min.
Thermische Wirkung: warm

Menge	Zutaten		
1 TL	Baldrian		
1 Tasse	Wasser	ja	E

Kochanleitung:
Getrocknetes Baldriantee mit kochendem Wasser überbrühen und zugedeckt etwa 10 Min. ziehen lassen. Den Tee abseihen und warm trinken.

6.52 Tee Fencheltee

Stärkt Yang, reduziert Kälte-Übel, harmonisiert Magen-Qi.
Kalorien p. Portion 0
Kochdauer ca. 10 min
Thermische Wirkung: warm
Therapeutisches Rezept

Menge	Zutaten		
5 g.	Fencheltee		E
1/2 Liter	Wasser	ja	E

Kochanleitung:
Wasser zum sieden bringen und wegstellen. Fencheltee dazugeben und 10 min. ziehen lassen. Ev. mit Honig süßen. Beim eingießen abseihen.

6.53 Tee Ginseng-Tee

Stärkt Herz, Lunge, Magen, Milz, Nieren-Qi.
Kalorien p. Portion 0
Kochdauer ca. 20 Min.
Thermische Wirkung: warm
Therapeutisches Rezept

Menge	Zutaten		
2 Teebeutel	Ginseng		
1/2 Liter	Wasser	ja	E

Kochanleitung:
Eine sehr milde Form der Einnahme von Ginseng erreicht man, wenn man ihn in eine Thermoskanne mit heißem Wasser legt. Dabei kann man die Wurzel auch mehrmals verwenden, also nicht nur für eine Kannenfüllung. Idealerweise sollte man das Wasser 10 Minuten lang gekocht haben - es wird dann der Wandlungsphase Feuer zugeordnet - und Heilquellenwasser ohne Kohlensäure benutzen, wenn die Qualität des Wassers vor Ort nicht gut ist.
Einnahme: Dieser milde Ginsengtee kann zur Kräftigung den ganzen Tag über getrunken werden.

6.54 Wärmender Haferflockenbrei

Stärkt Qi und Abwehrkraft.
Kalorien p. Portion 357
Kochdauer ca. 10 Min.
Thermische Wirkung: warm

Menge	Zutaten	
6 EL	Hafer Flocken (Vollkorn)	M
3 Stück	Feige getrocknet	E

1 Stück	Sternanis		M
1 Prise	Ingwer frisch		M
1 Tasse	Wasser	ja	E
1 EL	Ahornsirup		E
1 EL gehackte	Walnüsse		E

Kochanleitung:
Trockenfrüchte einweichen. Haferflocken trocken anrösten; Trockenfrüchte, Sternanis oder Zimt, etwas geriebenen Ingwer dazugeben und alles mit Wasser zu einem Brei kochen. Mit Ahornsirup süßen. Walnüsse rösten und vor dem Servieren drüberstreuen.

Wirkung: Eignet sich gut für die kalte Jahreszeit.
Vorsicht: Frischen Ingwer nicht über einen längeren Zeitraum trinken.

6.55 Zwetschken mit Bio-Quark

Bewahrt die Säfte, zieht zusammen.
Kalorien p. Portion 141
Kochdauer ca. 10 Min.
Thermische Wirkung: warm

Menge	Zutaten	
1/2 Kg.	Zwetschken	H
1/2 TL	Butter Bio	E
1 Prise	Vanille	E
1 Prise	Zimtpulver	M
1 Prise	Koriander	M
1 Prise	Kardamom	M
1 Schuß	Zitrone Saft	H
1 Prise	Kakao	F
1 Schuß	Apfelsaft (Naturtrüb)	E
1 TL	Zucker Ursüße (Zuckerrohr) süß	E
3 EL	Topfen 20%	H

Kochanleitung:
Zwetschken halbieren und entsteinen, Die Zwetschken in wenig Butter in einer Pfanne andünsten, würzen mit Vanille und Zimt, eine Prise Koriander und Kardamom dazugeben, Wasser dazugeben, so dass die Zwetschken ¼ gedeckt sind, wenig Zitronensaft, eine Prise Kakao, mit wenig Birnen- oder Apfelsaft ablöschen, so dass die Zwetschken etwa zur Hälfte gedeckt sind, nach Belieben süßen mit Vollrohrzucker.
Ca. 7 Minuten auf kleinstem Feuer köcheln lassen, so dass die Zwetschken weich, aber nicht verkocht sind.
Zwetschken kreisförmig auf dem Teller anrichten. In die Mitte ein Esslöffel Bio-Quark (wer mag kann Schafmilchquark verwenden) geben. Wenig Saft der gekochten Zwetschken über das Dessert gießen.

7 Kräuter aus den Rezepten und deren Wirkungen

7.1 Baldrian

Baldrian wirkt beruhigend, einschlaf- und durchschlaffördernd, krampflösend und muskelentspannend. Außerdem hat er psychisch einen leicht anregenden Effekt. Durch diese Wirkungen vermag er, innere Unruhe, Angst und Spannung zu beeinflussen.
Wirkt trocknend, erwärmend, auflösend, beruhigend, besänftigt inneren Wind. Tonisiert das Herz-Qi und -Yang, bewegt das Herz-Blut Tonisiert bei Nieren- und Herz-Yang-Mangel.

7.2 Basilikum

Wirkt wohltuend bei Blähungen und Übelkeit, entkrampfend und beruhigend.
Trocknet aus, leitet nach unten.

7.3 Beifuß

Reduziert Blutungen, lindert Schmerzen. In der Küche wird Beifuß als Gewürz für fettes Essen benutzt. Da er viele Bitterstoffe enthält, kurbelt er die Fettverbrennung an und fördert die Verdauung.

7.4 Bohnenkraut

Magenstärkend und antibakteriell, beruhigend und appetitanregend. Stärkt die Abwehr.
Tonisiert das Nieren-Yang, das Herz-Qi, den Magen und das Milz-Qi und erwärmt die Mitte, bewegt das Leber-Qi und das Blut, leitet Schleim und Kälte aus der Lunge, öffnet die Oberfläche, leitet Wind-Kälte aus.

7.5 Koriander

Fördert Verdauung.
Schweiß treibend, reduziert Wind.

7.6 Lauchzwiebel Schnittlauch

Bakterizid, beugt Krebs vor, stärkt Magensaftproduktion, fördert Verdauung und Durchblutung, fördert das Wachstum, löst Stagnation. Leitet nach oben.

7.7 Liebstöckel

Regt Verdauung an, reduziert Schmerzen.
Reduziert inneren Wind, Feuchtigkeit, löst Stagnation, leitet nach oben.

7.8 Makannasternsamen

Stärkt Milz, lindert Diarrhö, reduziert Ausfluss.

7.9 Petersilie

Regt Leberfunktion an, entgiftet.
Nährt Blut und Leber, harmonisiert Leber und Milz, stärkt Sehkraft, bewahrt die Säfte, zieht zusammen.

7.10 Rosmarin

Fördert Verdauung, stärkt Lunge, Milz und Niere.
Trocknet aus, leitet nach unten. Stärkt Herz, Lunge und Milz-Qi, Stärkt Leber-Blut. Stärkt Herz-Yin. Vertreibt Milz Hitze/Kälte Feuchtigkeit. Stärkt Milz- und Nieren-Yang

7.11 Salbei

Trocknet aus, gegen Hefepilzinfektionen.
Vertreibt Schleim, leitet nach unten, Aktiviert Wei Qi, stärkt Qi.

7.12 Schwarzkümmel

entkrampfend, immunregulatorisch. Außerdem soll das Öl die Bildung von Knochenmarkszellen anregen und allgemein Körperzellen vor Viren schützen.

7.13 Yamswurzel, Yamswurzelknolle

Baut Lunge, Milz, Niere auf.

7.14 Zitronenmelisse (frisch)

Anregend, antibakteriell, aufmunternd, beruhigend, entspannend, krampflösend, kühlend, pilzhemmend, schmerzstillend, schweißtreibend, virushemmend, Erkältung, Fieber, Grippe, Husten, Bronchitis, Asthma, Appetitlosigkeit, Blähungen, Sodbrennen.

8 Grundlagen der Ernährung

Die hier beschriebenen Grundlagen der Ernährung zeigen allgemeine Empfehlungen und beziehen sich nicht auf eine spezielle Therapieform. Die Empfehlungen der Therapie haben Vorrang.

8.1 Ernährung

Die regelmäßige Einnahme von Mahlzeiten in entspannter Atmosphäre. Ein wärmendes Frühstück gilt als guter Start in den Tag. Mittags sollte die Hauptmahlzeit stattfinden - das Abendessen am frühen Abend.

Die Beachtung von Hunger- und Sättigungsgefühlen: Nicht überessen und nicht hungern, so lautet die Regel.

Die frische Zubereitung der Speisen aus naturbelassenen, regionalen Produkten. Tiefgekühlte, hitzekonservierte, industriell vorgefertigte oder mikrowellengegarte Lebensmittel werden abgelehnt.

Die Auswahl von Lebensmittel nach der Jahreszeit: Im Sommer mehr kühlende Nahrung, im Winter mehr wärmende Nahrung.

Mindestens zweimal am Tag Gekochtes essen. Speisen und Getränke sollen möglichst handwarm, niemals eiskalt oder heiß sein.

Rohkost, kurz gegartes Gemüse, frisch gepresste Säfte und Mineralwasser werden üblicherweise nicht empfohlen. Milch und Milchprodukte stehen nur dann auf dem Speiseplan, wenn sie problemlos vertragen werden.

Therapeutische Rezepte nicht über einen längeren Zeitraum ohne Rücksprache mit dem Arzt oder Therapeuten einnehmen.

1. Vielseitig essen
Lebensmittelvielfalt genießen. Merkmale einer ausgewogenen Ernährung sind abwechslungsreiche Auswahl, geeignete Kombination und angemessene Menge nährstoffreicher und energiearmer Lebensmittel. (Einerseits Schutz vor Unterversorgung mit essentiellen Nährstoffen und andererseits Schutz vor einer überhöhten Zufuhr unerwünschter Inhaltsstoffe.)

2. Reichlich Getreideprodukte - und Kartoffeln
Brot, Nudeln, Reis, Getreideflocken (am besten aus Vollkorn), sowie

Kartoffeln enthalten kaum Fett, aber reichlich Vitamine, Mineralstoffe, Spurenelemente sowie Ballaststoffe und sekundäre Pflanzenstoffe. Diese Lebensmittel sollten mit möglichst fettarmen Zutaten verzehrt werden.

3. Gemüse und Obst - Nimm "5" am Tag ...
5 Portionen Gemüse und Obst am Tag, möglichst frisch, nur kurz gegart, oder auch eine Portion als Saft – idealerweise zu jeder Hauptmahlzeit und auch als Zwischenmahlzeit: Damit werden reichlich Vitamine, Mineralstoffe sowie Ballaststoffe und sekundären Pflanzenstoffe (z.B. Carotinoiden, Flavonoiden) zugeführt. Das Beste, was man für die eigene Gesundheit tun kann.

4. Täglich Milch und Milchprodukte, ein- bis zweimal in der Woche
Fisch; Fleisch, Wurstwaren sowie Eier in Maßen. Diese Lebensmittel enthalten wertvolle Nährstoffe, wie z.b. Calcium in Milch, Jod, Selen und Omega-3-Fettsäuren in Seefisch. Fleisch ist wegen des hohen Beitrags an verfügbarem Eisen und an den Vitaminen B1, B6 und B12 vorteilhaft. Mengen von 300 - 600 g Fleisch und Wurst pro Woche reichen hierfür aus. Fettarme Produkte bevorzugen, vor allem bei Fleischerzeugnissen und Milchprodukten.

5. Wenig Fett und fettreiche Lebensmittel
Fett liefert lebensnotwendige (essenzielle) Fettsäuren und fetthaltige Lebensmittel enthalten auch fettlösliche Vitamine. Fett ist besonders energiereich, daher kann zu viel Nahrungsfett Übergewicht fördern, möglicherweise auch Krebs. Zu viele gesättigte Fettsäuren fördern langfristig die Entstehung von Herz-Kreislauf-Krankheiten. Pflanzliche Öle und Fette bevorzugen (z.B. Raps-, Oliven- und Sojaöl und daraus hergestellte Streichfette). Auf unsichtbares Fett achten, das in Fleischerzeugnissen, Milchprodukten, Gebäck und Süßwaren sowie in Fast-Food- und Fertigprodukten meist enthalten ist. Insgesamt 70 - 90 Gramm Fett pro Tag reichen aus.

6. Zucker und Salz in Maßen
Nur gelegentlich Zucker und Lebensmittel, bzw. Getränke verzehren, die mit verschiedenen Zuckerarten (z.B. Glucosesirup) hergestellt wurden. Kreativ mit Kräutern und Gewürzen und wenig Salz würzen. Jodiertes Speisesalz bevorzugen.

7. Reichlich Flüssigkeit
Wasser ist absolut lebensnotwendig. Jeden Tag rund 1-2 Liter Flüssigkeit trinken. Wasser (ohne oder mit Kohlensäure) und andere kalorienarme Getränke bevorzugen. Alkoholische Getränke sollten nicht konsumiert

werden.

8. Schmackhaft und schonend zubereiten
Die jeweiligen Speisen bei möglichst niedrigen Temperaturen garen, soweit es geht kurz, mit wenig Wasser und wenig Fett - das erhält den natürlichen Geschmack, schont die Nährstoffe und verhindert die Bildung schädlicher Verbindungen.

9. Sich Zeit nehmen und das Essen genießen
Bewusstes Essen hilft, richtig zu essen. Auch das Auge isst mit. Sich beim Essen Zeit lassen. Das macht Spaß, regt an, vielseitig zuzugreifen und fördert das Sättigungsempfinden.

10. Auf das Gewicht achten und in Bewegung
Ausgewogene Ernährung, viel körperliche Bewegung und Sport (30 bis 60 Minuten pro Tag) gehören zusammen. Mit dem richtigen Körpergewicht fühlt man sich wohl und fördert die Gesundheit.
Thermik, Wirkrichtung, Verdauungskraft
Es gibt unterschiedliche Kriterien, die Wirksamkeit von Kräutern und Lebensmittel zu beurteilen. Der Einsatz der Kräuter und Zutaten basiert auf Beobachtung, was die Lebensmittel, Kräuter und Gewürze nach ihrem Verzehr im Körper bewirken. In der Medizin hat sich daraus folgendes System entwickelt: Jede Zutat oder Kraut hat eine Wirkrichtung. Außerdem gibt es noch Kräuter, die eine besondere Wirkung auf bestimmte Organe haben.

Voraussetzung für einen gesunden Stoffwechsel ist es, darauf zu achten, dass wir ausreichend Energie aus der Nahrung gewinnen und der Verdauungsprozess so wenig Energie wie möglich verbraucht. Eine bekömmliche Mahlzeit macht zufrieden und satt, verursacht keine Blähungen und keine Müdigkeit nach dem Essen. Richtiges Würzen erhöht die Bekömmlichkeit unserer Speisen. Es genügen oft schon geringe Mengen an Kräutern und Gewürzen. Sie dienen nicht dazu, uns satt zu machen, sondern helfen unseren Verdauungsorganen, die Nahrung zu verdauen.

8.2 Rezepte

Die Rezepte zeigen Ihnen welche Zutaten verwendet werden, sowie mit der Kochanleitung wie diese zubereitet werden. Bei den Zutaten wird neben den Mengenangaben auch die Wichtigkeit für die Therapie, das Wärmeverhalten sowie das Element angezeigt. Wenn dabei angezeigt wird "weniger als angegeben" versuchen Sie diese Empfehlung einzuhalten oder eine Alternative aus der Liste der "Empfohlenen Lebensmittel" zu finden. Meistens ist es nur eine leichte geschmackliche Änderung wenn Sie diese Zutat gänzlich weglassen.

Schonende Kochmethoden: Kochen, dämpfen, pochieren, dünsten
Scharfe Kochmethoden: Grillen, rösten, anbraten, räuchern
Ausgeglichene Kochmethoden: Frittieren, Römertopf

Auf das Einfrieren und erwärmen in der Mikrowelle sollte verzichtet werden (Denaturierung).

8.2.1 Rezepte nach Folge der Elemente kochen

In der TCM werden die Zutaten der Rezepte möglichst in der Reihenfolge der Elemente verwendet, welches eine erhöhte Bekömmlichkeit und energetische Qualität ergibt. Den Beginn macht die Kochmethode mit der begonnen wird. Wird in einer Pfanne oder Topf etwas erwärmt ist das Element das Feuer. Diese 5 Elemente stehen in Beziehung zueinander und haben eine natürliche Reihenfolge, die den Jahreszeiten entspricht.
Metall - Wasser - Holz - Feuer - Erde.
So stärkt das jeweilige Element das das ihm nachfolgende. Die Zutaten können dann in Gruppen der jeweiligen Elemente beigegeben werden. Es sollten nach Möglichkeit immer alle 5 Elemente in einer Speise vorhanden sein. Das Element mit dem man aufhört, ist am wirksamsten. Das bedeutet, gebe Sie am Ende noch etwas Petersilie über das Gericht, hat es den größten Einfluss auf die Leber, da sowohl Petersilie als auch die Leber zum Holzelement zählen.

Wenn Sie nach dieser Methode kochen wollen, sollten Sie bei einem TCM-Ernährungsberater oder einem TCM-Kochkurs weitere Feinheiten kennen lernen. Grundlagen sehen Sie auf:
https://de.wikipedia.org/wiki/Fünf-Elemente-Lehre

Organ	Element
Leber, Galle	Holz
Herz, Dünndarm	Feuer
Milz, Magen	Erde
Lunge, Dickdarm	Metall
Nieren, Blase	Wasser

8.3 Lebensmittel

In der Traditionell Chinesischen Medizin werden alle Lebensmittel den 5 Elementen Holz, Feuer, Erde, Metall und Wasser zugeordnet.

Lebensmittel wirken wie Heilkräuter auf Körper und Geist, nur wesentlich sanfter. Die Ernährungsberatung stützt sich hauptsächlich auf heimische Lebensmittel. Das Wissen über die Wirkungsweisen jedes einzelnen Lebensmittels und das Wissen wann welche Lebensmittel zur Anwendung kommen, entstammt der Schulmedizin. Verwende Sie möglichst Erzeugnisse aus ökologischen-biologischem Landbau.

Da wegen der besseren Verdaulichkeit grundsätzlich alles lange gekocht und kaum roh gegessen wird, ist die Verträglichkeit hervorragend.

Die Einteilung der Lebensmittel entsprechend ihrer Wirkung auf den Körper und bildet die Basis, um einen ausgewogenen und harmonischen Gesundheitszustand im Körper zu erreichen.

Grundsätzlich empfiehlt die Ernährungsberatung keine bestimmten Lebensmittel für Jedermann. Ausschlaggebend für den individuellen Speiseplan ist vor allem die persönliche Konstitution.

Kaufen Sie nur frisches und reifes Obst und Gemüse ein. Braune Stellen, welke Blätter aber auch unreifes Obst und Gemüse sollten Sie im Supermarkt zurücklassen. Greifen Sie dann zu Tiefkühlware (keine Fertiggerichte!). Tiefkühlobst und -gemüse werden kurz nach dem Ernten schockgefroren und enthalten deshalb oftmals mehr Vitamine und Mineralstoffe, als die Ware aus der Obst- und Gemüsetheke! Konserven- und Dosenware dagegen enthält wesentlich weniger Biostoffe. Zudem werden Letztere meist mit Salz, Zucker usw. angereichert. Lassen Sie die Zutaten nach dem Waschen nie im Wasser liegen, denn so gehen viele Vitalstoffe ins Wasser über! Putzen Sie Salate, Früchte und Gemüse erst unmittelbar vor Verzehr.

Beachten Sie bitte die hygienische Verarbeitung der Lebensmittel. Waschen Sie Ihre Salate, Früchte und Gemüse gründlich. Bei Gerichten mit Fleisch bereiten Sie zuerst die Zutaten vor und verarbeiten dann die Fleischprodukte. Reinigen Sie danach die Arbeitsflächen und Werkzeuge besonders gründlich. Holzunterlagen sollten regelmäßig mit leichtem Desinfektionsmittel behandelt werden um die Keimbildung einzuschränken.

Bewahren Sie Obst und Gemüse möglichst getrennt voneinander auf. Auch geerntete Früchte und Gemüse leben und strömen z.B. Ethylengas aus, das andere Sorten schneller reifen und altern lässt. Fleisch und Fisch in der verschlossenen Verpackung lassen oder in luftdichten Boxen im Kühlschrank aufbewahren.

8.4 Kräuter

Bei der Aufbewahrung und Lagerung von Heilkräutern, müssen gewisse Grundregeln beachtet werden. Grundsätzlich müssen Heilkräuter geschützt vor direkter Sonneneinstrahlung, vor Feuchtigkeit und vor heißen Temperaturen gelagert werden.

Als Gefäße für die Lagerung von Heilkräutern können Gläser, Keramik-Behälter und zur Not auch Plastik-Dosen eingesetzt werden. Plastik ist aber ein sehr unreines Material und sollte daher wirklich nur eine kurzfristige Notlösung sein. Bei Glasbehältern ist darauf zu achten, dass dunkles Glas verwendet wird.

Heilkräuter können nicht beliebig lange aufbewahrt werden. Die Haltbarkeit von Heilkräutern ist auf jeden Fall begrenzt. Durch die Haltbarkeitsdauer kann durch sachgerechte Lagerung wesentlich erhöht werden. So soll der Lagerplatz dunkel, eher kühl und absolut trocken sein. Ein Medizinschrank aus Holz, der nicht direkt bei einer Wärmequelle platziert ist wäre ideal. Um Ihre Heilkräuter nicht wegwerfen zu müssen, kaufen Sie nicht zu große Mengen an Heilpflanzen. Beschriften Sie die Behälter mit dem Namen des Heilkrauts und dem Datum der Ernte bzw. der Verarbeitung.

9 Weitere Ernährungsvorschläge

Folgende Syndrome der Diätetik, der TCM oder als Therapieergänzung bei Krebs sind verfügbar.

DIÄTETIK
1. Ernährung des Säuglings - Beikost
2. Ernährung in der Stillzeit
3. Ernährung im Alter
4. Ernährung von Kindern und Jugendlichen
5. Ernährung von Sportlern
6. Leichte Vollkost
7. Schwangerschaft
8. Vollkost

Eiweiß und Elektrolyt – Nieren
9. (Hämo-)Dialysebehandlung
10. Akutes Nierenversagen
11. Chronische Niereninsuffizienz
12. Nephrotisches Syndrom
13. Nierensteine (Nephrolithiasis)

Gastrointestinaltrakt - Bauchspeicheldrüse
14. Akute Pankreatitis (Entzündung der Bauchspeicheldrüse)
15. Chronische Pankreatitis (Entzündung der Bauchspeicheldrüse)

Gastrointestinaltrakt - Dünndarm und Dickdarm
16. Akute Obstipation (Verstopfung)
17. Chronische Obstipation (Verstopfung)
18. Colon irritabile
19. Divertikulitis
20. Erworbene Laktoseintoleranz (Laktosemalabsorption)
21. Fruktosemalabsorption
22. Glutensensitive Enteropathie (Zöliakie)
23. Kolektomie
24. Kurzdarmsyndrom

Gastrointestinaltrakt - Leber, Gallenblase, Gallenwege
25. Akute und chronische Hepatitis (Entzündung der Leber)
26. Cholelithiasis (Gallensteine)
27. Fettleber
28. Leberzirrhose

Gastrointestinaltrakt - Magen und Zwölffingerdarm
29. Akute Gastritis
30. Chronische Gastritis
31. Magenblutung
32. Ulcus ventriculi und Ulcus duodeni
33. Zustand nach Magenoperation

Gastrointestinaltrakt - Mundhöhle und Speiseröhre
34. Mundschleimhautentzündung
35. Ösophaguskarzinom (Speiseröhrenkrebs)
36. Reflüxösophagitis (Sodbrennen)

spezielle Krankheiten
37. Phenylketonurie (PKU)

38. Rheumatische Gelenkserkrankungen
Stoffwechsel
39. Adipositas (Übergewicht)
40. Diabetes mellitus
41. Essstörungen (Untergewicht)
Fettstoffwechsel
42. Hypercholesterinämie (erhöhter Cholesterinspiegel)
43. Hepatische Enzephalopathie
Herz- und Kreislauf
44. Arteriosklerose (Arterienverkalkung)
45. Herzinsuffizienz
46. Hypertonie (Bluthochdruck)
47. Hyperurikämie und Gicht
veränderter Nährstoffbedarf
48. bei Fieber
49. bei malignen Erkrankungen
50. nach Verbrennungen
51. Strahlen- und Chemotherapie

KREBS
100. Bauchspeicheldrüse
101. Blasenkrebs
102. Blutkrebs (Leukämie)
103. Brustkrebs
104. Darmkrebs
105. Magenkrebs
106. Nierenkrebs
107. Speiseröhrenkrebs

TCM
200. Blase - Feuchte Hitze in der Blase
201. Blase - Feuchtigkeit und Kälte in der Blase
202. Blase - Leere und Kälte in der Blase
203. Dickdarm - äussere Kälte befällt den Dickdarm
204. Dickdarm - Feuchte Hitze im Dickdarm
205. Dickdarm - Hitze blockiert den Dickdarm II akut
206. Dickdarm - Trockenheit des Dickdarms
207. Dickdarm - Yang Mangel (Kälte)
208. Herz - Blut Mangel
209. Herz - Blut Stagnation
210. Herz - Feuer
211. Herz - Heisser Schleim verstopft die Herzporen
212. Herz - Kalter Schleim verstopft die Herzporen
213. Herz - Qi Mangel
214. Herz - Yang Mangel
215. Herz - Yin Mangel
216. Leber - aufsteigender Leber-Yang
217. Leber - Blut-Mangel
218. Leber - Blut-Stagnation
219. Leber - feuchte Hitze in Leber und Gallenblase
220. Leber - Feuer
221. Leber - Gallenblase Qi-Leere
222. Leber - Kälte im Lebermeridian

223. Leber - Qi-Stagnation
224. Leber - Wind
225. Leber - Wind mit aufsteigendem Leber Yang
226. Leber - Wind mit Blutleere
227. Leber - Wind mit extremer Hitze
228. Lunge - Qi Mangel
229. Lunge - Schleim-Feuchtigkeit in der Lunge
230. Lunge - Schleim-Hitze in der Lunge
231. Lunge - Schleim-Kälte in der Lunge
232. Lunge - Trockenheit der Lunge
233. Lunge - Wind-Hitze befällt die Lunge
234. Lunge - Wind-Kälte befällt die Lunge
235. Lunge - Yin Mangel
236. Magen - Blutstagnation
237. Magen - Feuer
238. Magen - Magenkälte mit Flüssigkeit
239. Magen - Nahrungsstagnation
240. Magen - Qi Mangel
241. Magen - rebellierendes Magen Qi
242. Magen - Yin Leere
243. Milz - Hitze und Feuchtigkeit befällt die Milz
244. Milz - Kälte und Feuchtigkeit befällt die Milz
245. Milz - Qi Mangel
246. Milz - Qi Mangel + Absinkendes MilzQi
247. Milz - Qi Mangel + Milz kontrolliert das Blut nicht
248. Milz - Yang Mangel
249. Niere - Herz und Niere kommunizieren nicht mehr
250. Niere - Jing Mangel
251. Niere - Nieren können das Qi nicht empfangen
252. Niere - Qi ist nicht fest
253. Niere - Yang Mangel
254. Niere - Yin Mangel

10 EBNS - Software für die Ernährungsberatung

Die Hauptaufgabe der Datenbank ist eine „**personalisierte Ernährungsberatung**" für jeden Patienten individuell. Die Datenbank wurde für die Diätetik und Traditionellen Chinesischen Medizin entwickelt. Sie Unterstützt bei der Ausbildung und Beratung im Arbeitsalltag.

Das Computerprogramm liefert Listen von Rezepten, Zutaten und Kräuter, welche dem Klienten mitgegeben werden. Individuell nach Patienten-Wunsch von Vollkost bis Vegetarier (Lacto-, Ovo-, ...) einstellbar. Zu jedem Register gibt es ein INFOBLATT welches einmal dem Klienten mitgegeben werden kann.

Die Syndrome sind kombinierbar und ergeben eine Schnittmenge der empfehlenswerten Rezepte und Zutaten. Die automatisierte Diagnose für die TCM ermöglicht Ihnen während der Ausbildung Ihre Erfahrungen zu überprüfen sowie im Arbeitsalltag ihre Diagnose zu bestätigen. Sie wählen mehrere vordefinierte Symptome und lassen sich vom Programm die relevanten Syndrome automatisch anzeigen.

Wie Sie mit der Datenbank arbeiten können:
Sie können alle Werte verändern, neue Symptome oder Syndrome anlegen, Rezepte entwickeln, verändern oder Zutaten und Kräuter an Ihre Erkenntnisse anpassen. In der einfachen Klientenverwaltung werden alle relevanten Daten zu der Person gespeichert. Sie bekommen einen Überblick über die zurückliegenden Diagnosen und die Entwicklung des Krankheitsverlaufes.

Als Berater sparen Sie viel Zeit, wenn Sie für die erkannten Syndrome die Rezept-, Lebensmittel- und Kräuterlisten ausdrucken und den Klienten mitgeben. Diese Zeit können Sie für das persönliche Gespräch nutzen.

Alle Rezept- und Lebensmittellisten können Sie auch als Kombination mehrerer Erkrankungen bestellen. Mit der Datenbank können Sie außerdem für jedes Rezept die Nährstoffe und Spurenelemente angezeigt bekommen und Rezepte für Syndrome selbst mit vorgeschlagenen Zutaten entwickeln.

Weitere Informationen finden Sie auf http://www.ebns.at.
Josef Miligui, Tel.: +43 660 121 05 00